양조장 할아버지는
어엿었는데요

창업까진 아니어도
궁금했던 사람을 위한 책

박정범 지음

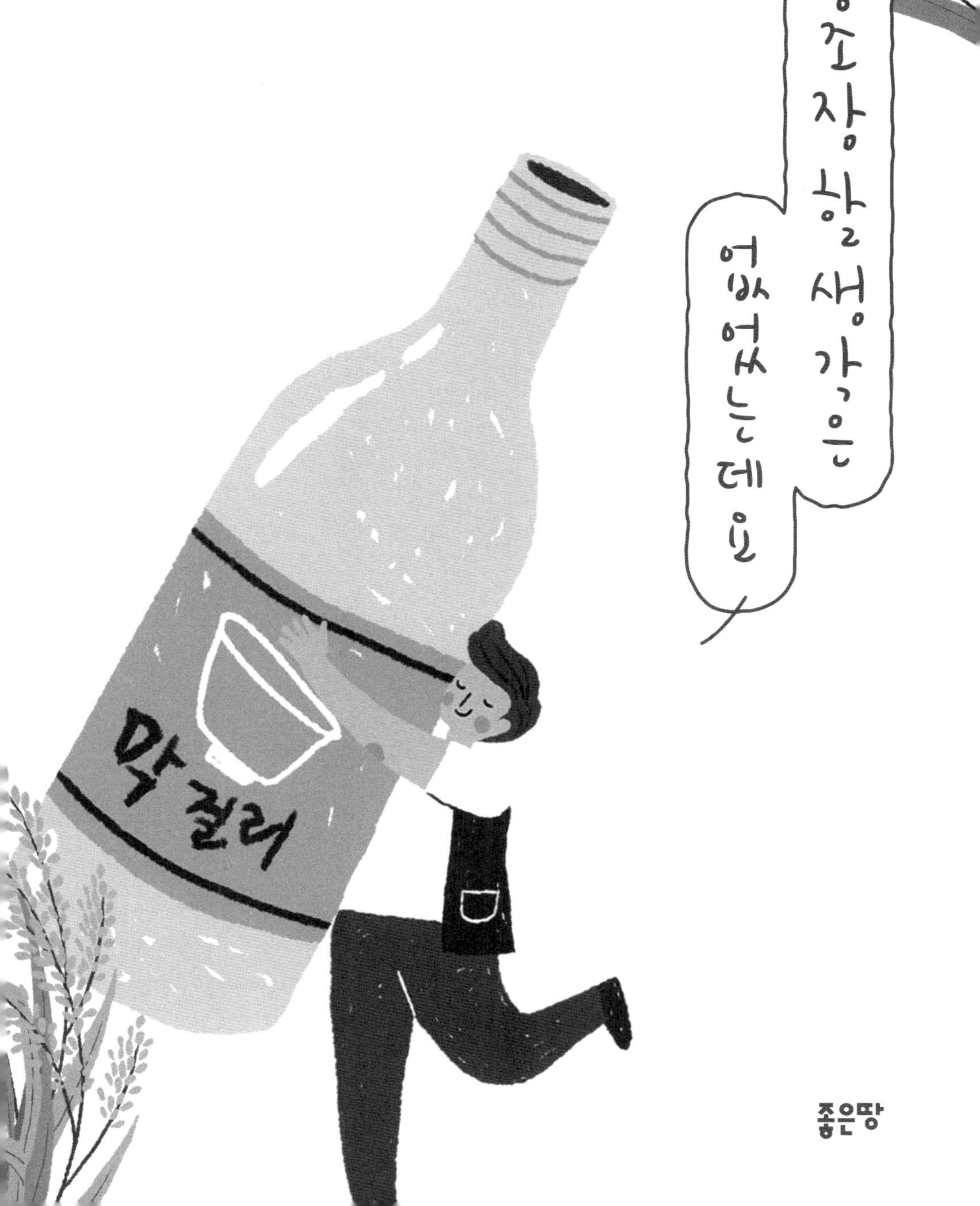

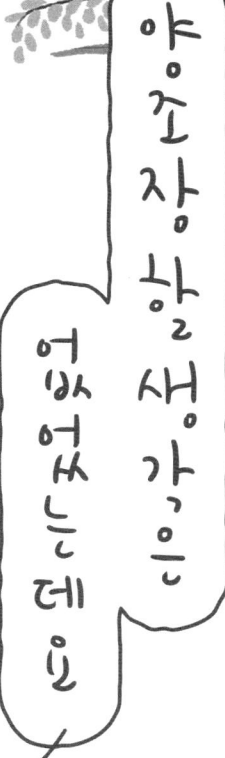

양조장 할 생각은 없었는데요

좋은땅

(목차)

어릿광대양조장	006
드렁큰팩토리	030
해일막걸리	052
매산양조장&매산술집	074
진정브루잉	090
탁브루	108
달성주조	130
꿈브루어리	148
우쥬라익썸	166
막걸린	184
닫는 글	202

어릿광대양조장

서울시 영등포구 문래동에서
21년 3월부터 시작한 양조장(구 날씨양조).

❝

　서울 영등포구에 위치한 문래동은 한때 철공소 밀집 지역으로 유명했지만, 90년대 후반부터 값싼 중국산 부품이 밀려들면서 잠시 활기를 잃었습니다. 그러나 2000년대 들어 예술가와 창업가들이 하나둘 모여들며 새로운 색깔을 입는 곳인데요. 쇠를 가공하는 소리와 커피를 내리는 소리, 사람들의 들뜬 웃음소리와, 술이 익어 가는 소리가 함께 들리는 이곳은, 독특한 분위기를 풍기는 동네입니다.
　예상하기 어려운 사연을 가진 동네여서였을까요? 역에서 나와 10분을 채 걷지 않았는데도, 보이는 풍경도 예상 밖이었습니다.
　역 근처의 번화가를 지나, 감각적인 카페와 작은 가게들을 스치면, 오래된 철공소 골목이 먼저 시선을 잡아끕니다. 철공소 골목 사이에, 밤식빵 사이 건포도처럼 개성 넘치는 카페, 공방, 갤러리, 그리고 어릿광대 양조장까지 빼꼼히 박혀 있고요.
　식이 시작하기 전에 어릿광대가 보여 주는 쇼처럼, 음식을 먹기 전의 식전주로 어울리는 술을 만들고 싶어서 '어릿광대'라는 양조장의 이름을 지었다고 말한 한종진 대표의 인터뷰를 본 적이 있습니다. 상큼하게 혀를 깨우고, 침샘을 가득 자극하는 술맛을 보니 과연 그렇구나 싶으면서도, 내심 머릿속으로 조금 다른 생각을 했던 것 같아요.
　어릿광대의 쇼는 무엇 때문에 재미있을까요? 여러 대답이 있을 수 있겠지만, 예상의 바깥에서부터 웃음과 재미가 피어난다고 생각하는 저는, 이런 답을 할 수밖에 없습니다. 어릿광대의 쇼도 우리의 예상에서 빗나간 모습을 보여 주기 때문에 즐겁다고. 한 번도 생각하지 못한 지점에서, "이런 건 어때?" 하고 되물을 때, 어찌 웃지 않을 수 있겠어요.

　마치 그런 술이고, 그런 인터뷰였습니다. 시쳇말로, '보법이 다르다'고 표현되는. 아니라면 생각해 보세요. 양조장 위치만 봐도 그렇잖아요. 누가 철공소 골목 한가운데에 양조장을 세우겠어요. 술만큼이나 예상할 수 없던, 양조인과의 인터뷰였습니다.

창업 전에 어떤 일을 하셨는지, 말씀 부탁드립니다.

지금도 하고 있는데요. 지금 13년 차 웨딩 포토그래퍼예요. 결혼식 사진을 주로 찍고 있습니다. 투잡이죠. 그전에는 대기업에 3개월 정도 다니다가 그만두고 난 다음에 바로 창업을 시작해서 (사진 일은)이제 13년째 되고 있어요.

대기업을 그렇게 빨리 그만두게 된 계기가 있을까요?

안 맞았어요. 그리고 제가 생각보다도 더 능동적인 일을 좋아한다는 걸 깨달았어요. 수직적인 구조에서 시키는 일만 하기보다는, 스스로 하고 싶은 일을 제가 생각하면서 하는 게 훨씬 더 잘 맞더라고요.

나오고 나서 바로 양조장을 시작하신 건지?

아니에요. 양조장 창업 이전에 의류 쪽으로도 창업했었어요. 한 번 타임라인을 정리하면, 대학교 졸업하기 전에 의류 쪽 일을 하면서, 쇼호스트도 같이 준비했었는데 의류업은 1년도 안 돼서 망했어요.
의류 쪽은 마음을 접고, 사진은 계속 취미로 하고 있었는데 주변에서 사진을 업으로 하면 괜찮을 것 같다고 해서 해 볼까? 하면서 시작하게 된 거죠. 우리술은 '막걸리학교'라는 교육기관에서 일하면서 시작하게 됐는데, 이곳 같은 경우는 제가 20대 후반에서 30대 초반까지 있었다고 보시면 될 것 같아요.

그럼, 우리술을 업으로 시작하신 지는 얼마나 되신 거예요?

막걸리학교로 시작해서, '찾아가는 양조장' 운영위원도 했었고, 우리술을 업으로 삼은 지는 8년 정도 됐죠.

사진을 원래 좋아하셨다고 하셨고, 쇼호스트 준비하셨으면 패션도 관심이 적진 않으셨던 것 같은데 갑자기 술로 틀게 된 이유가 궁금하네요.

원래도 워낙 술을 좋아했어요. 이것저것 마셔 보는 것도 좋아했고요. 대기업에서 만든 술 위주로만 먹었었는데, 하나씩 맛보다 보니 세상에는 다양한 술들이 굉장히 많다는 걸 알게 된 것 같아요. 마시다 보니 맛의 스펙트럼도 정말 넓었고요.

우리술도 마찬가지로 맛의 스펙트럼이 넓다는 걸 알게 되었고, 그러다 맥주나 우리술에 빠져들게 된 것 같아요. 원래부터 만드는 것보다는 마시는 걸 굉장히 즐겼다고 보시면 될 것 같아요. 지금도 마시기 위해서 만든다고 보셔도 되고요.

그럼, 처음부터 우리술에 관심이 있었던 건지?

원래는 맥주 창업에 훨씬 더 관심이 있었어요. 그러다가 전통주 쪽으로 선회를 했어요. 맥주는 지금보다도 더한 레드오션이라 진입하기엔 힘들어 보였어요. 누군가 왜 전통주로 눈을 돌렸냐고 묻는다면 솔직하게 전통주가 너무 좋아서라기보다는 그때 전통주를 시작하면 제가 나이 먹었을 때 어느 정도 자리가 잡혀 있을 거라는 생각도 깔려 있었던 것 같아요.

우리술이 없으면 안 돼서, 너무 좋아서 선택한 느낌이라기보다 이왕 술을 업으로 삼는다면 미래를 생각했을 때, 가능성이 더 크다 싶었던 거죠. 제가 진입할 때가 막 젊은 친구들이 업계로 들어올 시기였고 제가 젊은 층에서는 그나마 좀 빨리 들어왔다고 생각해요.

어떻게 보면 심장보다는 머리로 하는 창업이었네요.

네. 그건 맞아요. 맨 처음 의류나 사진 같은 것들은 정말 좋아서 했다면 우리술은 반대였던 거죠. 물론 처음에는 실리로 시작했는데, 지금은 반대가 돼 버렸어요.

듣다 보니, 창업에 대한 욕구가 굉장히 강한 것 같은데, 창업을 꼭 해야 겠다고 생각한 계기가 있을까요?

말했던 것처럼 수동적으로 일해야 하는 게 제일 싫었던 것 같아요. 제 시간을 가지는 걸 무엇보다도 중요하게 생각하는데 그 부분이 침범당하는 삶을 제가 못 받아들인 것 같아요. 어렸을 때부터, 학창 시절에도 그렇게 뭔가 통제받는 걸 못 견뎠거든요. 회사를 다닌다는 게 꼭 통제당한다는 건 아니에요. 다만 누군가에게 지시를 받는 업무보다는 제가 하고 싶은 일을 마음껏 하는 걸 훨씬 선호하기 때문에 사업을 시작한 것 같아요.

처음 술을 배우실 땐, 어떻게 배우셨어요?

처음엔 혼자서 공부했어요. 서적도 많이 보면서 공부했어요. 제조법이나 재료에 관해 상세하게 다룬 정보가 생각보다 시중에 많더라고요. 맥주 같은 경우도 처음에는 키트(kit)로 시작해서, 나중에는 직접 끓이고, 식히며 하나하나 만들어 봤죠.

그런데 집에서 아무리 만들어 보고, 서적을 보면서 공부해도 한계가 명확한 거예요. 우리나라 양조장에서 만드는 술이나, 미국, 영국 쪽에서 만들어지는 크래프트 맥주처럼 다양한 술에 대해 더 깊게 공부하고 싶었어요. 그래서 그런 생각이 들 때쯤 막걸리학교에 들어갔죠.

우리술도 교육 기관이 많잖아요. 굳이 막걸리학교를 고른 이유가 있나요?

당시에 시기가 딱 맞았어요. 제가 더 배우고 싶어서 찾아봤는데, 마침 그 시기에 모집 공고가 올라와서 신청하게 되었죠.
어쩌다 보니 교장 선생님과 국장님한테 되게 죄송한 말을 하는 것 같은데, 시기가 딱 맞아떨어져서 시작하게 됐어요.

혹시 총 교육 기간은 얼마나 될까요?

정확하게는 2년 반 정도 했다고 보시면 될 것 같아요. 중간중간 한 번씩 쉬기도 했거든요. 아까 말씀드렸던 것처럼 근무를 하면서 배웠기 때문에, 일반적인 양조 수업은 당연히 전부 듣고, 테이스팅 위주의 해설사 수업이랑, 스토리텔링 위주의 주령사 수업도 들었고요. 그 외에도 누룩 수업이나 떡 수업도 들었던 것 같아요.

그렇게 많이 들으셨는데, 수업을 들으면서 특히 어려웠던 지점이 있으셨는지?

솔직하게 배우는 데 어려움은 없었던 것 같아요. 사실 어려운 용어는 거의 없거든요. 그냥 놀고 즐기러 온 거면 모르겠는데 내가 어느 정도 열정이 있고 술을 만든다고 했을 때 이 정도도 이해 못 할 정도면은 그냥 안

하는 게 낫다고 생각해서요. 제 말이 좀 강한가요? 공부나 학습이 어려운 것보다는 대량 생산으로, 상업 양조로 넘어갔을 때 정말 적용 가능한 범위가 어디까지일까가 고민되고 어려웠는데, 다행히 막걸리학교에서 업무를 하면서 많이 해소할 수 있었죠.

막걸리학교에 수업을 들으러 오시는 분들은 일주일에 하루만 술을 빚고 가시거든요. 그럼, 나머지 6일 동안은 그 술들에 대한 관리를 제가 해요. 그러다 보니까 술마다 나오는 특성과 같은 정보들, 어떤 부재료를 쓰면 어떤 특징이 나온다. 아니면 이렇게 하면 이런 술이 만들어진다. 같은 기록을 해 놨기 때문에 준비를 훨씬 능동적으로 할 수 있었던 것 같아요.

어떻게 하면 술이 망할 수 있는지도 보고 어떻게 하면 술이 내가 원하는 맛이 나오는지도 보면서 시행착오를 미리 겪었다고 생각해서. 수업을 들으면서 어려웠던 건 없는 것 같아요.

막상 운영하는 건 다르다 보니 힘든 점이 있었을 것 같은데, 대표적으로 월급이 없는 삶에 대해서 불안감은 없으셨어요?

그럴 수 있다고 생각해요. 불안감 같은 게 있을 수 있는데 중요한 건 월급을 받는 사람도 힘들고 사업을 하는 사람도 힘들어요.

기본적으로 자영업자는 언제까지 내가 이만큼의 돈을 벌 수 있다는 보장이 없고 그러다 보니 불안한 거죠. 반대로 일반적인 직장을 다니면 꼬박꼬박 들어오는 돈이 있긴 하잖아요.

하지만 월급으로 받는 금액이 만족할 수 있는 금액인가는 다른 이야기고, 직장인은 그 지점에서 고민을 가진다고 생각해요. 그래서 둘 다 좋은 것만 있는 건 아니라고 생각했고, 제가 회사 다닐 때보다는 자영업을 하면은 돈을 더 많이 벌 수 있을 거라는 확신은 있어서. 불안하진 않았던 것 같아요.

창업하실 때, 가족분들의 반응은 어땠나요?

저희 부모님은 어렸을 때부터 저에게 크게 신경을 쓰지 않으셔서, 별말씀 안 하셨던 것 같아요.

잘해서요? 아니면 기대를 많이 저버려서?

아니요. 아니요. 둘 다 아니고요. 그냥 어렸을 때부터 되게 독립적이었대요. 초등학교 때부터 깨우지 않아도 혼자 일어나서 등교했었고, 어렸을 때 저희 집이 좀 어려웠다 보니 부모님이 계속 밖에서 일을 하셔야 됐어요. 자연스럽게 제가 저랑 5살 차이 나는 동생을 돌봐야 했거든요. 저는 그게 당연한 거라고 생각하고 컸는데 나중에 알고 보니까 아니더라고요. 그냥 여러 삶의 한 방식이었던 거죠. 아무튼, 그런 부분에 있어서 부모님이 그렇게 걱정하실 만한 일을 안 해서 그런지 별말씀은 안 하셨어요.

친구나 주변인의 반응은 어땠나요?

양조할 거라고 생각하는 애는 딱 한 명 있었어요. 다른 애들은 좀 놀라긴 했네요. 제가 과도 사회학과라 양조랑은 너무 다른 과인데, 워낙 제 행보가 보통의 선택과 달라서, 크게 놀란 애들은 없어요.

그래도 당시 여자 친구분, 현재 아내분은 알고 계셨겠네요.

그렇죠. 제가 조교로 있는 수업의 수강생이었으니까. 알고 있었죠. 그 친구가 양조장이 꿈이라고 얘기를 해서 조금 빨리 시작한 것도 있어요. 저는 한 40, 50대쯤에 하려고 했다가 아내 말 듣고 '그 꿈 이루어 줄게.' 하고 시작한 케이스거든요.

그러면 지금 아내분이랑 둘이 일하시는 거예요?

거의 저 혼자 일하고 있고, 슬슬 직원을 뽑으려고 하는데 마땅치는 않아요. 면접을 한 번 보긴 했는데, 서로 마음에 들어야 하는데 잘 안 맞았어요. 사람 구하는 게 이렇게 어려운 건지 몰랐어요.

일단은 힘쓰는 일이 많다 보니, 힘을 잘 쓰는 분이 오셨으면 좋겠는데 쉽지 않죠. 또 제가 외부 강의나 여러 가지로 자리를 비울 일이 많은데, 술이라는 게 남한테 맡기기가 생각보다 쉽지 않아요. 품질도 그렇고 식약처에서 요구하는 여러 가지 부분들이 있잖아요. 그런 기준을 완벽하게 맞추는 게 안되는 걸 알면서도, 제 성격상 포기가 쉽지 않나 봐요. 제가 좋은 사람이 돼야 좋은 사람이 오겠죠.

거의 혼자 일하는데, 힘들면 어떻게 하나요? 갑자기 아프다거나 하면?

저는 그냥 쉬어 버려요. 근데 급하게 출고되어야 하면 연락드려서 양해를 구하죠. 다음 날 보내드려도 괜찮겠냐고. 그런데 못 지킨 적이 지금까지 딱 한 번밖에 없어요.

요새는 양조가 힘든 게 아니라 외부 강의를 많이 나가는데, 강의 재료 준비하는 게 제일 힘들어요. 한 번 강의할 때 80인분씩 소분해야 하고, 심지어 여기가 2층이잖아요. 1층까지 들고 옮기기도 해야 하고. 힘쓰는 게 좀 어렵죠.

대표님 취향을 여쭤보려고 하는데 가장 좋아하시는 술이 있나요?

저는 개인적으로 산미가 있는 걸 굉장히 좋아해요. 저희 술도 그렇고 옛날부터 좋아했던 맥주 스타일도 람빅처럼 산미가 있는 술을 좋아했어요.

또, 전반적으로 발효주 중에서도 10도 이상의 발효주들을 훨씬 더 선호하는 편이에요.

발효주치고는 도수가 조금 높네요?

그렇죠. 그래서 맥주로 치면 임페리얼 스타우트 같은 걸 굉장히 좋아했어요. 기본적으로 9도는 넘어가야 목 넘김도 있고, 좀 여름에 시원하고 가볍게 먹는다고 해도 6, 7도가 제일 적당하다고 저는 보고 있거든요.

좋아하는 술을 만들고 계신 것 같은데, 인기 있는, 달콤한 술을 만들어보고 싶다는 생각은 안 하셨어요?

주변에서도 저한테 그런 얘기를 해요. 이대형 박사님도 그렇고 몇몇 분들이 이제 좀 달게 만들면 인기가 더 훨씬 많고 많이 팔릴 텐데, 자기는 이 술을 좋아하지만 좀 더 대중적으로 만들면 좋지 않은지 물어보세요. 그 질문을 생각하다 보면 저는 우리술이 왜 달아야 했을까 하는 질문으로 생각이 넘어가요.

과거에는 우리나라 사람들이 당분을 취할 수 있는 간식거리가 그렇게 다양하지도 않았고 서민들이 먹기에도 쉽지가 않았단 말이에요. 그래서 당분을 채울 수 있게끔 만들어 주려면 달게 만들었어야 했어요. 지금은 그게 아니거든요. 그런데도 여전히 우리술은 맛의 스펙트럼이 은근히 좁은 것 같아요.

좁다면 너무 단 맛 위주의 시장이라는?

네 그런 거죠. 지금 우리나라의 양조장이 식약처 허가 기준으로, 외부 반출 출고되는 기준으로 1,560개 정도 있거든요. 근데 그중에서 막걸리를 만드는 업체가 900개라면, 그중에 제가 봤을 때는 850곳은 단 걸 만들어요.

한 곳에서 10종류 이상을 만드는 곳도 있는데, 전부 단맛인 곳도 있고요. 그런데 이렇게 단 술만 나오고, 이게 계속 이어지면 점점 더 시장이 더 줄어들 거라고 믿어요.

스펙트럼이 다양해져야만 그만큼 유입자도 다양해지는데 이런 식으로 스펙트럼이 점점 좁아진다면 전통주 시장에 미래가 없다고 봅니다.

지금보다 훨씬 더 다양한 시도가 나와야 한다는 말씀이네요.

그렇죠. 물론 선호하는, 기호에 대한 문제는 끊임없이 생각을 해야 된다고 봐요. 사람들이 특정 맛을 좋아하기 때문에 양조사가 그런 경향을 고려해 보는 건, 돈을 버는 개인으로는 당연한 거죠.

근데 몇몇 개인이 아니라 업계 전체가 버티지 못하고 따라가는 순간 미래는 없다고 보는 사람 중에 한 명이에요. 길게 본다면, 다양한 맛이 존재해야 한다고 생각합니다.

특정 맛이랑 별개로, '잘 만든 술'에 대한 기준이 있을까요?

강의할 때 항상 '세상에 나쁜 술은 없다'고 얘기해요. 사실 대기업에서 만드는 술도, 일본 방식으로 만든 술도 잘 만들었다는 기준에서는 중요하지 않아요. 대기업 방식으로 만든 술이 맛있다면, 그 술이 그 사람한테는 잘 만든 술인 거예요. 저는 이렇게 봐요. 맛있는 술 위에 더 맛있는 술이 있을 뿐이다.

그럼, 술이 아니라 상품이라고 질문을 조금 바꿔 볼게요.

제 술로 설명해 드리면, 제 술이 산미가 좀 있고 당도가 거의 없는 물처럼 가벼운 식전주 스타일이에요. 그런데 그 스타일을 벗어나면 상품으로서 가치가 없다고 생각해요.

두 가지 의미인데, 제품의 균일한 맛도 필요하지만, 제품의 일관적인 품질 말고도 방향성이라고 할까요? 그걸 벗어나는 술은 좋은 상품이라고 부르기 힘들다고 봐요. 맛은 좋더라도 양조인이 추구하는 생각과 다른 술은.

예를 들어서, 올해는 '겨울나기'라는 제품은 출고를 안 했어요. 계절마다 어울리는 술을 만들어서 출고하는데, 올해는 너무 달게 나와서 전량 폐기를 했어요. 제가 생각하는 식전주의 느낌과는 너무 달라서요.

현실적인 이야기를 물어보려 하는데 창업 비용은 얼마나 드셨을까요?

여기가 40평 조금 안 되거든요. 이 정도 평수에, 기본적인 시설 생각하면 한 8천만 원 정도 든다고 보시면 돼요. 여기에 추가로 생각해야 하는 게 장비나 시설 말고도 창업하면서 면허를 받아야 되잖아요.

그 면허를 받는 게 사람을 쓴다거나, 정말 잘 알아서 빨리 진행해야 5개월 이내고, 잘 모르거나 그러면 1년이 걸려요. 담당관도 자주 하던 업무가 아니라 잘 몰라요. 나도 모르는데 가르쳐 주기도 해야 하니까 미치는 거죠. 그동안 월세나 공과금은 별도로 지불해야 하고요. 그래서 예비 비용으로 몇천만 원을 별도로 준비해야죠. 그러면 기본적으로 1억 원은 갖고 있어야만 이 정도 규모로 시작하는 것 같아요.

창업 비용은 어떻게 마련하셨나요?

사업 시작할 때 빚은 안고 시작해야 하는 것 같아요. 제가 사진 일을 계속해 오면서 모아둔 돈이랑 대출 껴서 시작했죠. 그리고 집을 전세 대신 월세로 바꿨고요. 월세로 바꾸면서 직주근접이 된 건 좋은 것 같아요.

창업 기간은 얼마나 걸리셨어요?

저는 맨 처음 날씨양조장 만들 때 5개월 걸렸고요. 지금, 이 어릿광대

양조장 만들 때는 3개월 이내에 끝냈어요.

정말 빨리 준비하셨는데요?

서류 쓰는 법도 이미 알고 있었고, 이전에 날씨양조장 만들 때도 컨설팅을 받았던 게 아니라 처음부터 제가 알아보고 시작해서요. 막걸리학교 있을 때 창업하시는 분을 보고 배워서 웬만한 정보는 다 알고 있었어요.

날씨양조장을 운영하면서 다른 양조장의 서류 컨설팅을 진행해 줬던 것도 도움이 된 것 같아요. 어릿광대양조장을 만들 땐 이미 다 알고 있던 거라 미리미리 서류도 준비했고, 담당자들한테 어떻게 하면 된다고 알려주면서 했죠. 그래서 빨리 준비된 것 같습니다.

이미 잘 아시는 상태로 시작하셨지만, 그래도 예상치 못하게 힘들거나 어려운 건 없으셨어요?

딱히 없는 것 같아요.

아까 잠깐 말씀하셨던 '겨울나기' 제품처럼 폐기해야 하는 경우는요?

안 나오면 어쩔 수 없는 거죠. 폐기하면 되잖아요. 그런 걸로 스트레스

받으면 양조를 사업으로 할 게 아니라 예술로 해야죠.

그럼, 조금 다른 질문으로, 처음에 생각하셨던 매출에는 어느 정도 근접했나요?

일단 창업할 때 진 빚은 다 갚았다고 말씀드릴 수 있을 것 같아요. 충분한 답변이었나요?
그런데 한 달 매출 중에 70%가 강의나 사진 매출이에요. 강의가 거의 메인이고 주류 판매 매출은 30%밖에 되지 않아요.

굉장히 암담한 말인데요?

소규모 양조장에서 술 판매로만 연 매출이 1억을 넘는다면 정말 잘 팔린 거예요. 연 매출 1억을 넘기지 못하는 양조장이 제가 아는 선에선, 거의 대부분으로 알고 있어요. 왜 연 매출 1억이라는 숫자를 계속 말씀드리냐면, 그 숫자가 넘어야 일반적으로 우리가 회사에 다닐 때 월급 받는 거랑 비슷해서예요.

재룟값도 있고, 기본적으로 공과금이나 월세 같은 고정비를 생각하면 한 달 매출액이 1천만 원은 넘어야만 일반 대기업 다닐 때랑 비슷한데, 그러지 못하면 어렵죠.

일의 강도에 비해 적게 가져가는 것 같아요.

그건 그래요. 사진은 한 번 찍으면 100만 원씩 들어와요. 시간도 1, 2시간만 찍으면 되는데 양조장은 아니니까요. 그 정도의 돈을 벌려고 하면 훨씬 더 많은 시간과 노동을 투자해야 해요. 그래도 많이 팔리면 힘들지도 않고 기분 좋아요. 안 팔렸을 때가 힘들지.

그럼, 처음부터 대표님 술이 좀 팔릴 거라고 생각을 하셨어요?

팔릴 거라고 생각하진 않았어요. 마시려고 시작한 것도 있어요. 그냥 안 팔리면 저랑 아내랑 밖에서 쓸 술값 양조장 운영에 쓰자는 생각으로 만들었어요.

다른 소득이 있으니까 더 편하게 결정하신 것도 있겠네요.

그렇죠. 지금도 메인 소득은 술 판매보다는 사진이라고 생각하고 있는 사람이라.

그래도 양조장 시작하고 술이 바로 팔리셨던 것 같더라고요.

네 다행히도 저희 첫 제품인 '봄비'라는 제품부터 바로 판매되기 시작했어요. 걱정하던 것과 다르게 나오면 다 완판되긴 했었어요.

다른 마케팅 활동을 했었나요?

거창한 마케팅을 한 적은 없어요. 막걸리학교에서 근무했던 게 진짜 많은 도움이 되긴 했어요. 근무하면서 음식점을 운영하시는 분들도 알게 되고, 업계에 있는 여러 사람들을 알게 됐죠. 그러다 보니 자연스럽게 양조장 인스타그램에만 올려도 다 팔렸던 것 같아요.

예비 창업자분들께 어떻게 팔 것인지를 물으면 인터넷이나 온라인 마케팅 활동을 많이 말씀하시는데, 소규모 양조장이라서 그런지 방향이 조금 달랐네요?

제 초기 자본이 농업 법인을 만들기에 충분한 자본도 아니었고, 제가 농업인이 아니기 때문에 농업 법인을 차리려면 농업인을 데려와야 되잖아요. 쉽지가 않아요. 믿을 만한 사람을 찾기가 어렵죠. 만에 하나, 직접 농업인이 된다고 하더라도 340평 규모의 땅을 소유하고 그곳에 직접 농사를 지어야 하는데 땅값도 그렇지만, 여러 가지 문제들이 있어서 전통주

면허를 받고 인터넷으로 판매한다는 건 생각하지 않았던 것 같아요.

만약에 지방에 내려가서 인터넷 판매를 하게 된다면, 서울에서 운영하면서 훨씬 유명해진 후에야 옮길 것 같아요. 유명해져야 지방을 가서도 판매가 될 거라고 생각합니다.

마지막으로, 예비 창업자분들께 현실적으로 조언을 한다면요?

개인적으로는 안 하는 게 맞아요. 근데 업계를 위해서는 해 주시는 게 맞아요. 사실 안 하는 게 건강에도 좋고 정신 건강, 육체 건강 그리고 돈 다 아낄 수 있습니다. 그래요. 뭔가 더 조언할 게 없어요. 현실적으로는 안 하는 게 제일이에요.

만약 과거로 돌아가서도 본인한테 하지 말라고 하실 건가요?

저는 하죠. 왜냐하면 저는 자신이 있었으니까 그리고 시기가 달랐잖아요. 그 당시에는 제가 들어가도 비집고 들어갈 공간이 보이고 홍보를 많이 안 해도 됐는데 지금은 정말 많은 홍보랑 정말 치열한 경쟁을 해야 할 것 같아요. 제가 만약에 강의라는 수익 사업이 없었다면 저도 되게 힘들게 운영하고 있었을 거고요.

다른 수익이 없었다면 월세 내고 조금 돈을 버는 정도다 보니, 쉽지 않은 길이라고 보시면 될 것 같아요. 지금 제가 알기로도 매번 폐업하는 데 계속 생기고요. 매출이 옛날보다 줄었다고 하시는 분이 굉장히 많아지고 있어요.
   이러한 경쟁들이 많아지면 결국에는 시장이 더 탄탄해질 거라고 믿긴 하는데 그래도 확신은 어렵죠.

그래도 하고 싶다는 분들께 격려의 말을 해 주신다면요?

   그래도 새로운 양조장이 계속 생겨야 한다고 생각해요. 우리나라 양조에 대한 질이, 일제 강점기 때 양조장 수가 급감하면서 낮아졌다고 생각해서요.
   일제 강점기 때 조사한 내용을 보면 서울에 7명이 있으면 한 명은 양조를 했다고 기록되어 있어요. 가양주 문화도 굉장히 잘 보존되어 있었고요. 전국적으로 봐도 합법적인 양조장의 개수만 거의 3천 개고, 밀주까지 포함하면 1만 개가 넘어간다고 예상하는데, 지금은 식약처에 등록된 양조장의 개수가 1,560개밖에 없어요. 인구도 늘었고, 술의 종류도 늘었는데 다른 걸 고려해도 심각하게 줄어들었다고 생각해요.
   이 말씀을 왜 드렸냐면, 대기업들의 술을 그만큼 많은 사람들이 마시고 있다고 말하고 싶었어요. 특정 맛에 편중되어 있지 않나 싶고요. 맛의 스펙트럼을 늘리려면 양조장 수가 절대적으로 더 많아져야 된다고 생각해요. 제 경쟁자가 생겨도 좋으니까 적어도 우리나라에 1만 5천 개 정도는 있어야 된다고 생각하고요.

업계를 위해서라도 공급이 더 늘어야 한다는 말씀인 거죠?

수요가 생기려면 공급이 있어야만 수요가 생기는 거예요. 공급이 맨날 획일적인데 (새로운)수요가 생기겠냐는 거죠.

그래서 개인적으로는 좀 젊은 친구들이 창업을 해야 한다고 봐요. 그러지 않은 이상, 이 업계는 어려워요. 아니면 기존에 있었던 양조장의 2세, 3세가 이어 가서 트렌디하게 바꾸던가요.

새로 창업하시는 분들한테 너무 죄송한 말이고, 가시밭길이지만 분명히 의미가 있는 일이라고 생각해서, 창업하라고 말하고 싶어요.

드렁큰팩토리

서울시 서대문구 연희동에서
23년 4월부터 시작한 양조장.

❝

　버스 한 번 탔을 뿐인데, 국경을 넘은 듯 전혀 다른 모습이 보였습니다. 연희동은 홍대처럼 소란스럽거나 활기차지도 않았고, 신촌처럼 화려하거나 복잡하지도 않아서, 바로 옆인데 어떻게 이럴 수 있는지 생각했습니다. 만약 시간이 흘러가는 모습을 볼 수 있다면, 이곳에서만큼은 시간이 조심조심 걸어가는 모습을 볼 수 있었을 것 같아요.
　하지만 연희동을 한 번이라도 가 보신 분들은 아실 겁니다. 이곳이 단정하고 차분하기만 한 공간이 아니라는 걸요. 만약 연희동이 사람이라면, 저는 그를 단정한 몸가짐의 광인이라 부르겠습니다. 겉으로 봤을 땐 조용해 보이지만, 알고 나면 온갖 신기한 장소가 있으니까요.
　처음 양조장 이름을 처음 보고 들었던 생각은, 끊임없이 술을 생산해 내는 거대한 공장이었습니다. 막상 방문한 드렁큰팩토리는 제 예상과는 전혀 다른 공간이었습니다. 붙어 있다 보면 닮는 건 사람뿐만이 아닌 것 같아요. 드렁큰팩토리는 동네만큼이나 차분한 양조장이었거든요. 누가 봐도 쾌적하게 분리되어 있는 공간, 세련된 카페만큼이나 감각적인 소품, 차분하고 이지적인 대표님까지. 백이면 백, 연희동을 좋아하는 사람은 드렁큰팩토리도 좋아할 수밖에 없을 겁니다.
　그렇게, 양조장의 의미를 다르게 생각할 수밖에 없었습니다. 정형화된 대량 생산의 공장이 아니라, 마치 새로운 시도가 계속해서 진행되는 창의적인 공장 같다고요. 술에 취하면 창의력이 좋아진다는 말이 있던데, 공장 자체가 술에 취해 있다면, 얼마나 독창적인 술이 나올까요? 공장장님은 또 얼마나 창의적인 분이실까요?

　잔뜩 취해 있는 공장이 얼마나 단정할 수 있는지, 어디까지 미친 듯 창의적일 수 있는지 알 수 있는 인터뷰였습니다.

　(혹시나 싶어 붙이지만, 정말 술을 마시면서 일하는 곳은 아닙니다.)

창업 전에 어떤 일을 하셨는지, 말씀 부탁드립니다.

저는 원래 와인 소믈리에였어요. 프랑스 국가 공인 소믈리에고, 와인과 관련된 전반적인 일을 다 해 본 것 같아요. 총 경력으로 치면 20년 정도 됐네요. 굉장히 길게 일했죠.

아직도 아내가 와인 숍을 하고 있어요. 예전부터 오래 알던 손님들하고 와인 숍에서 모여서 (와인)모임도 하고, 마시기도 해서 아직도 와인은, 하나의 라이프 스타일로 가져가고 있습니다.

투잡으로 와인 소믈리에까지 하시는 거예요?

투잡은 아니에요. 책을 출간하면서 소믈리에로서의 삶은 정리했어요. 〈와인 사피엔스〉라는 책이고, 제가 와인 소믈리에로 일하면서 알게 된 내용을 정리한 책이에요. '와인의 진실은 이거다. 여러분들이 알고 있는 모든 것들은 과장되거나 그렇게 포장되어 있는 지식들이다. 실제로 이렇게 마셔야 정확한 것이다'는 내용이 정리된 책입니다.

와인 일을 먼저 하신 거면, 원래 전공도 양조 관련 전공이셨던 건지?

아니요. 과는 태권도 전공이었어요. 그런데 부상 때문에, 몸을 자주, 많이 다쳐서 그만두게 됐죠. 사람이 어떤 일을 할 때 역경이 많으면 두 가지

중에서 하나잖아요. 그걸 뚫어내고 성장하던가 내 길이 아닌가 보다 하고 포기하는 거. 젊을 때, 빨리 결정을 내렸죠.

    내 길이 아닌 것 같다 싶어서 일찍 그 직업을 내려놓고 와인을 하게 됐죠. 잘 모르고 시작했었죠.

어쩌다가 와인 일을 시작하셨어요?

    술을 좋아하는데, 저렴해 보이는 이미지의 일은 하기 싫었어요. 술과 관련된 일이라고 하면 '물장사'라는 말이 있잖아요. 그런 건 싫고, 찾아보니까 와인 아니면 위스키 일이겠더라고요. 그런데 제가 저도수의 술을 선호하다 보니 와인 일을 시작하게 된 것 같습니다.

그럼 와인 일을 그만두게 된 계기는 뭔가요?

    두 가진데, 소믈리에라는 직업이 타인의 술을 가져와서 파는 거예요. 예쁘게 포장해서 파는 거거든요. 양조장과 소비자 사이에서 수익이 생기는 건데, 일을 오래 하다 보니까 그냥 에이전시 같다고 생각했어요. 일의 의미를 모르겠더라고요. 그때쯤 회사에서는 더 올라갈 곳도 없었고요. 그래서 똥차가 빠져 주고, 나는 내 걸 만들어 보자는 생각도 있었고요.

    또, 힘들어서기도 했어요. 체력적으로도 힘들지만, 정신적으로도 힘들었어요. 손님들의 이야기를 듣고, 공감하면서 테이블의 분위기를 부드럽게 만들어야 하는데 제가 나이가 들고, 손님과 나이 차이가 줄어들수록 응대하기가 점점 힘들어졌어요. 비슷한 나이대의 손님과 생각이 다를 때, 손님이 하는 말을 덮어놓고 공감해 주기가 힘들더라고요. 그래서 아내에게는 미안했지만 결국 그만두게 됐죠.

와인이 싫어진 건 아닌 것 같은데, 탁주 양조장을 만든 이유가 있을까요?

한국에서 와인을 만든다는 생각 자체를 안 했어요. 내 포도밭을 가지고, 내 와이너리를 가지는 게 너무 어렵겠다 싶어서요. 그럼 내가 양조의 갈증을 풀 수 있는 방법은 뭘까 고민했고, 가장 적은 비용으로, 가장 재미있게 할 수 있는 것이 결국 우리술 양조장이구나, 싶었죠. 그래서 처음 설계했던 거는 원래 맑은 술이에요. 원래 약주나 청주였어요.

그런데 지금은 탁주를 만드시잖아요.

지금도 맑은 술을 만들고 싶다는 생각을 해요. 전 세계적으로 봤을 때 이렇게 탁한 종류의 술, 특히 탁주처럼 침전물이 많은 술이 긍정적인 평가를 받지는 못하거든요. 그런데 약/청주의 출발이 탁주인데 탁주를 해보지 않고 약/청주부터 시작하는 게 이상하다고 생각했어요. 탁주를 잘 빚어야 맑은 술이 잘 나올 거라고 생각했던 것 같아요. 기본부터 제대로 다져야 되겠다. 탁주부터 만들어 보자 해서 지금 제품들을 만들게 됐죠.

어느 정도 양조 지식이 있으셨을 텐데 바로 양조를 시작하신 건가요?

아뇨. 양조장을 해 볼지 고민하면서 막걸리학교를 다녔죠. 제가 아무리 와인 쪽에 지식이 있더라도 두 술은 너무 다르잖아요. 처음부터 배워야 할 것 같아서 막걸리학교 상급반부터 들었어요. 상업 양조를 다루는 수업부터 먼저 듣고, 그다음에 가양주연구소라는 곳의 커리큘럼이 체계적이다 싶어서 바로 이어서 들었죠.

수업을 듣고 집에서 많이 만들어 보기도 했어요. 그런데 설비를 사용해서 대량으로 만드는 거랑 집에서 작게 만드는 건 다르잖아요. 어떤 스타일의 술을 만들지만 정해 보고 바로 시작하게 됐죠.

교육을 들으면서 힘들거나 어려운 점은 없었나요?

교육기관들이 전통 누룩을 너무 찬양하는 거예요. 가스라이팅도 아니고, 누룩라이팅 당한 것처럼. 입국을 보고 일본식 누룩이라고 표현하는데, 전통 누룩이라 부르는 누룩은 그럼 중국식 누룩이라고 해야 하는 거 아닌가? 싶었어요. 입국 방식을 일본에서 개발했으니까 일본식 누룩이라고 말할 수 있죠. 그런데 전통 누룩 방식은 중국에서 넘어왔는데 중국식 누룩이라고 부르진 않잖아요. 그러면서도 입국만 잘못된 것처럼 이야기하는 게 싫더라고요.

물론, 저도 전통 누룩을 사용하지 않는 건 아니에요. 계속해서 실험용으로라도 누룩을 사용해 술을 빚어 보고 있어요. 다만 아직도 잘 모르겠어요. 누룩이 교육기관에서 말하는 것처럼 엄청난 재료인지에 대해서는 지금도 아리송하죠. 개인적으로 누룩보다는 그 속의 효모들에 관심이 많은데, 효모에 대해서 질문하면 뾰족한 답이 나오지 않는 것도 답답했어요.

생각보다 전통 누룩에 대해서 부정적이시네요.

국가 차원에서 전통 누룩을 밀어주잖아요. 누룩 명인분들도 선정하면서요. 그렇게 많은 분이 누룩을 신의 산물처럼 이야기하지만 저는 정말 그런가? 싶거든요. 오히려 누룩을 사용해서 술을 빚으면 나는 특유의 향이 있어요. 저는 그 향 때문에 누룩을 사용한 막걸리가 오히려 쉽게 만들어진 막걸리라고 생각해요. 제조자 입장에서도 큰 고민 없이 만들고, 평가자 입장에서도 깐깐하게 보지 않고 인정해 주잖아요. 뭐 들어갔지? 누룩 들어갔구나. 누룩이면 이럴 수 있지. 하면서요. 아쉬운 술에 누룩이라는 면죄부를 주고 있다고 느끼거든요. 전통적이라고 포장하고 불안정하다고 포장했기 때문에 향이 조금 이상해도 그럴 수 있다고 봐주는 것 같아요. 다른 양조장 분들이 어떻게 생각하실지 모르겠지만 저는 그래요.

조금 다른 이야기로 넘어가서, 16년 동안 월급을 받다가 갑자기 월급이 없는 삶이 되었는데 이전의 삶과 많이 다른가요?

아직도 적응 중이에요. 월급 없는 삶에요. 적응하기가 굉장히 힘들고,

적응하려면 라이프 스타일 자체를 아예 바꿔야 해요. 예를 들면 술자리에서의 행동을 바꾸거나, 인간관계를 줄여서 소비를 줄이는 거죠. 커피도 카페에서 많이 사 먹다가 커피머신으로 바꿨어요. 사실 커피머신도 사치죠. 스틱형 커피 마셔야 하는데.

  신기한 건, 오히려 이렇게 맞춰 가면서 더 즐거운 것 같아요. 그리고 생각보다 되게 쓸데없는 곳에 돈을 많이 쓰고 있었다 싶더라고요. 예전에는 술 마시면 3차, 4차 술자리를 옮겨 가면서 마셨는데 그게 무슨 소용이겠어요. 1차만 마셔도 즐겁게 마시는 게 중요한 거잖아요. 옷도 예전에는 나도 비싼 거 한번 입어 보자고 생각했다면, 지금은 대충 편하게 입으면 되는 거지 싶죠.

불안하지는 않으세요?

불안해하지 않으려는 거죠. 월급보다도 못 버는 사업은 쉽지 않잖아요.

그럼, 주변에서 양조장을 차린다고 할 때, 동료들의 반응은 어땠나요?

다 말렸어요 다. 전부 다. 100명한테 물어보면 100명이 말렸어요. 그냥 하지 말라는 것보다는, "뜬금없이 무슨 막걸리야?", "와인 하다가 갑자기 왜 그런 술을 하냐?" 같은 느낌이었어요.

부모님이나 가족의 반응도 비슷하던가요?

다 똑같아요. 반응이 다. 처음에 은근슬쩍 이야기했죠. '나 막걸리 양조장 할까 봐. 막걸리 만들까 봐.' 하니까 막 웃으셨어요. 말도 안 되는 소리 하지 말라고. 그분들의 머릿속에 막걸리라고 하면 저렴한 페트병 막걸리만 떠오르는 거예요. 그러니까 무슨 그런 걸 만든다고 이런 느낌이셨죠. 사실 우리술이 가치와 이미지 둘 다 신경 쓰지 못했던 게 맞아서, 주변에서 다 반대했던 것 같아요.

그런데 막상 제품이 나오고 제가 추구하는 방향성을 보여 주니까 주변에서 놀라더라고요. 상상하던 모습이 아니었대요. 제가 원하던 반응이었죠. 저는 우리 술에 대한 인식을 바꾸고 싶었어요.

술에 대한 인식이라고 하시면?

우리나라만큼 저품질의 술을 많이 마시는 국가도 없다고 생각해요. 맛이 없다는 말이기도 하지만, 우리술이라고 했을 때, 고급화된 이미지가 떠오르는 것도 없어요. 예를 들어 와인병이라고 하면, 750ml 유리병이 떠오르고 이제 거기에서 지역마다 특색이 있는 윤곽을 떠올리잖아요. 그런데 소주, 소주병이라고 하면 초록색 병을 떠올리고, 막걸리 병이라고 하면 페트병 생각하잖아요. 그런 이미지를 바꿔 보고 싶었어요.

이미지를 바꾸고 싶다는 게, 고급술을 만들어 보고 싶다는 말씀일까요?

저는 우리술의 고점을 높이기보다는 저점을 높이고 싶어서 진입했어요. 최소한의 품질을 올려보자는 느낌으로요.

그렇게 되려면 어떤 게 필요할까요?

포장부터 유리병을 사용해야 한다고 생각해요. 전 세계의 유명한 술 중에서 페트병에 담긴 술이 있나요? 제가 알기로는 없어요.

유리병을 사용하면 유리병에 맞는 브랜딩을 할 거고, 관리도 더 집중해서 해야 할 거고, 그렇게 고민이 쌓이다 보면 술 자체의 품질이 올라가면서 단돈 1천 원, 5천 원이라도 더 받는 술이 될 수 있을 거라고 생각하거든요.

지금 막걸리라고 하면 다들 페트병에 담긴 저렴한 막걸리를 먼저 떠올리잖아요. 그렇게 사람들의 인식이 유지되는 동안, 막걸리는 싸구려 술로 인식될 수밖에 없어요. 그래서 업계 차원에서 플라스틱병은 쓰면 안 된다고 생각해요.

다른 기준이 더 있다면요?

부재료가 주재료를 덮으면 안 된다고 생각해서 과일막걸리를 안 하려고 해요. 과일을 넣는 순간 이전 단계의 곡주를 정성 들여서 할 필요가 없다고 생각해서요. 대충 빚은 다음에 과일 넣어서 덮어 버리면 되니까요. 다만 그렇게 만든 술이, 우리술의 저점을 높이는 데 도움이 될까요?

예컨대 인더배럴(9도)을 만들 때도 오렌지 껍질의 향이나 고수의 향이 풍성한지 이전에, 곡주의 느낌이 척추처럼 바르게 서 있는지가 중요했거든요. 시제품을 만들어 보니 8도 밑으로 내려가면 곡주의 느낌이 완전히 없어지더라고요.

먼저 곡주의 특징을 잘 살리고, 그다음에 과일의 맛을 생각해야 하는데 그렇게 빚는 분이 계실까요? 과일 맛 막걸리를 소비자가 좋아하니까 어쩔 수 없다 싶으면서도 씁쓸해요.

그럼, 대표님이 좋아하는 술은 무엇인가요?

예쁜 술을 좋아해요. 디자인이 아니라 전반적인 술의 풍미가 예쁜 술. 그래서 피트 위스키를 별로 좋아하지 않아요. 제가 느끼기에 피트 위스키의 풍미는 못생겼어요.

혹시 조금 더 설명 부탁드려도 될까요?

술로 설명해 드리면, 발베니가 소믈리에들이 가장 사랑하는 위스키로 뽑힌 적이 있어요. 와인을 하는 입장에서 위스키를 마실 때 항상 화사한

향을 찾게 되는데 발베니가 그 조건에 가장 부합했던 위스키였던 거죠. 화사하고 풍성한 풍미를 예쁘다고 생각하는 것 같아요.

그럼 향 말고 맛으로는요?

맛은 어느 정도 산미가 있는 스타일을 좋아해요. 저는 항상 술에 산미가 없으면 죽어 있다고 표현해요. 산미가 있어야 다른 맛들도 균형이 맞지, 산미가 없으면 다른 맛들이 난립해요. 단맛이 엄청나게 튀어서 느끼해지거나, 쓴맛이 엄청 도드라지게 느껴지죠. 그런데 산미가 큰형처럼 중심을 딱 잡아 주고 있으면 나머지 동생들이 선을 넘지 않으면서 자기 개성을 뽐낼 수 있는 거죠.

근데 아무 산미나 그럴 수 있는 건 아니고. 산미가 축을 잡아 줄 수 있을 만큼 쨍해야 해요. 딱 마셨을 때 시다는 느낌이 아니고 산미가 이쁘게 축을 잡으면서 다른 맛들도 균형이 잘 맞구나 싶은 지점이 있어요.

들어 보니까 지금 만드는 술들이 맛있다고 느끼시는 술이네요?

그렇죠. 제가 생각했을 때 맛있다 싶은 제품을 만들고 있죠. 다만 극단적으로 제 생각이 많이 들어가면 어렵더라고요. 그렇게 나온 제품이 갓블레스유주예요. 달콤한 유자청 말고, 씁쓸한 유자 원물의 맛을 살리는 방향으로 술을 만들었어요. 평양냉면처럼 담백한 느낌의 술로 만들었는데 아쉽지만, 많은 분들이 함흥냉면처럼 자극적인 맛을 좋아하시더라고요.

혹시 대중적으로 인기 많은 술을 만들 생각은 없나요?

고민하는 프로젝트 중에 하나예요. 흔히 이야기하는 돈이 되는 술. 캐시카우가 되는 아이템이 필요하다고 생각해요. 다만 어떻게 해야 하느냐가 고민이죠.

사실 감미료를 넣고 만들면 만들 수 있는데, 제 양조 철학이랑은 맞지 않으니까 제 철학을 많이 내려놓아야겠죠. 드렁큰팩토리 양조장의 이름을 달고 낼 것인가, 별도의 양조장을 차려서 낼 것인가 고민도 되고요. 필요성은 있지만, 이 브랜드에서 내는 건 아닌 것 같다고 생각하고 있어요. 만약 낸다고 하면, 그 술에 맞춘 다른 브랜드를 시작하고, 술을 낼 것 같아요.

하루 근무시간이나 업무 루틴은 어떻게 되세요?

양조장에 한 10시간 정도 있는 것 같아요. 그중의 절반에서 3분의 2는 술빚는 시간이에요. 쌀을 씻고, 불린 다음, 물 빼는 시간이 기니까 양조가 시간을 많이 차지하죠. 양조장 내에 저장공간이 적어서 보통 열흘에 한 번 빚어요.

나머지 시간에는 마케팅이나 신제품을 개발하는데, 요새는 인스타가 제일 어려운 것 같아요. 인풋은 끝도 없는데 아웃풋이 확실하지가 않으니까 막연하죠. 최근에는 제품들 리뉴얼 작업하고 있어요. 해피보이랑 인더베럴은 리뉴얼하려 하고, 갓블레스유자는 단종하려고요. 세 종류의 술을 혼자서 관리하는 게 힘들더라고요.

술의 퀄리티 관리 말고도 혼자서 술을 만들다 보면 힘든 게 많을 것 같아요.

작년 11월에 목을 다쳤었는데, 한 열흘 동안 누워만 있었거든요. 그럼 양조장이 전부 멈춰요. 아플 때도 그렇고 출장 가는 동안에도 일이 진행되는 게 없죠. 이번에 일주일 정도 일본 출장을 가는데, 그때도 일주일 동안 양조장이 멈춰요. 내가 일을 안 하면 양조장이 멈추다 보니, 대표의 몸을 갈아 넣는 것 같다는 생각을 해요. 예컨대, 박람회에서 물량이 갑자기 많이 나가면 새벽에 와서 병입해야 해요. 하루 종일 서 있으면서 팔고, 병입하고 또다시 옮기죠. 체력적으로 힘든 게 많아요.

반대로 좋은 점이 있다면요?

유동적으로 대응할 수 있는 거? 유연하게. 비슷한 상황에서 새벽에 누구한테 전화해서 '나가서 병입 좀 해 줄래?' 이렇게 못하잖아요. 난리 나지. 혼자 모든 걸 생각하고 계획을 짜서 진행할 수 있다는 게 장점이기는 해요.

비용적인 이야기로 넘어가서, 창업 비용은 얼마나 들었나요?

한 1억 원 정도 들은 것 같아요. 대부분이 공사 비용 그리고 설비죠. 지하 1층에 평수는 40평 정도입니다.

서울 내에 위치한 양조장이라 그런지 비용이 좀 비싼데, 지방 생각은 안 하셨어요?

우리술의 이미지나 인식을 바꾸겠다는 목표를 말씀드렸잖아요. 지역을 정할 때도 기준 중 하나였어요. 대한민국은 서울 위주의 국가고, 외국인이나 놀거리를 찾는 사람들이 무조건 서울은 구경하잖아요. 그래서 서울에서 양조장을 운영하면서, 알려야겠다 싶었죠. 유럽의 유명한 와인마을처럼 크고 다양한 양조장들이 모인 지역이 있어서, 관광지로 유명하다면 지방 이전도 생각해 보겠지만 아직 그런 곳이 없잖아요.

만약 자본이 충분하다면 외국인이 많이 방문하는 지역의 1층에서 시설이 잘 보이게 양조장을 만들어 보고 싶어요. 그렇게 하면 우리술을 더 잘 알릴 수 있겠죠. 하나의 관광명소처럼 존재하는 게 업계에 많은 도움이 되지 않을까 생각합니다.

창업 준비 기간은 얼마나 걸리셨어요?

2023년 4월 1일에 사업자 등록증이 나왔고, 첫 술이 그해 10월에 나왔으니까 한 6개월 정도 걸렸다고 봐야 되겠죠.

준비 기간이 아주 짧았네요.

샘플을 최대한 많이 빚어 보는 게 중요한 것 같아요. 데이터를 최대한 많이 쌓아야 제품이 제가 생각했던 맛처럼 나오는 것 같아요. 그런데 아무리 많이 빚어 봐도 처음 나오는 술은 기대에 조금 못 미치고, 두 번째부터 기대했던 맛에 얼추 가깝게 만들어지는 것 같아요.

지금까지 운영하시면서 힘들었던 일을 뽑으신다면요?

짐 옮기고 운반하는 게 가장 힘든 것 같아요. 짐을 옮길 수 있는 큰 차량이 없어서, 박람회 하나를 나가도 몇 번이나 왔다 갔다 해야 해서요. 병도 유리병이니까 무겁고 힘들죠. 한 번 옮기는 건 괜찮은데, 유리병 20개씩 들고 수십 번을 왔다 갔다 하는 건 다른 문제니까요. 누가 양조장을 차린다고 하면 꼭 1층에 하라고 말씀드려요.

혹시 처음에 기대했던 매출은 어느 정도였나요?

예상 매출이랄 게 딱히 없었던 것 같아요. 해 본 일이 아니라서 얼마가 팔릴지 감이 안 잡히더라고요.

이 정도만 벌면 좋겠다고 생각하신 금액은 있으셨을 것 같은데…

월 천만 원치만 팔아도 좋겠다 했는데 안 좋은 쪽으로 현실과 간극이 엄청 커요. 적자예요. 적자. 지금이 저점이라고 생각해요. 이제 올라갈 일만 남았고, 어떻게 해야 고점으로 갈 수 있을지 고민하면서 문제점을 찾고 있어요.

문제점이라고 한다면?

사람들이 제 술이 있는지를 몰라요. 있더라도 어디에서 구매해야 하는지를 모르고요. 선택받을지는 다음 문제고, 우선 돌아다니면서 알리기부터 해야죠. 올해 계획입니다.

그럼 창업하실 때 내 술이 정말 팔릴 거라고 생각하시면서 만드신 거예요?

그런 것까지는 생각을 못 했던 것 같아요. 사람들에게 팔릴 거다, 돈이 될 거다 그런 생각을 못 했어요. 단지 인더배럴과 해피보이 처음 두 개가 나왔을 때 어떤 반응을 보일까가 더 궁금했던 것 같아요.

2023년 4월에 창업하고 10월에 술이 나왔다고 말씀드렸는데, 바로 그해 11월에 우리술 대축제를 처음 나갔어요. 다행히 사람들이 긍정적인 관심을 많이 가져 줘서, 내 브랜딩 방향이 틀리진 않았다고 생각했죠.

양조장 창업하고 싶은 사람들한테 현실적으로 조언해 주신다면 어떤 건지?

저는 목표가 있어야 되는 것 같아요. 본인이 하고자 하는 게 무엇인지 정확해야 해요. 예를 들어서 단순히 '이런 술을 만들면 잘할 것 같아', '이렇게 만들면 괜찮겠어', '내가 만들어도 이거보단 나을 텐데?' 같은 생각으로 시작하는 경우가 많은 것 같은데 그건 목표가 안 된다고 생각해요. 정말 그게 목표라면 취미로 공방에서 술 빚는 게 맞다고 생각하고요.

제 목표는 아까도 말씀드렸지만 우리술의 저점을 높일 것이다. 저점을 높여서 인식과 이미지를 개선하고, 세계에 알린다는 목표가 있어요. 그런 것처럼 어떤 확실한 목표가 있어야 되는 것 같아요. 직장 생활이랑 똑같아요. 승진 대상자에 올라가면 좋고, 아니면 어쩔 수 없고. 이런 마음으로 일을 하다 보면 위로 못 가요. '나는 임원 간다', '나는 사장 된다'처럼 확실한 목표가 있어야 일도 남들보다 디테일하게 하고, 퇴근해서도 업무 생각하면서 성과가 더 생기는 거죠.

휩쓸리지 않을 수 있는 확실한 자기의 주관이나 목표가 있어야 한다는 말씀이신 거죠?

맞아요. '요즘 저도수가 유행이니까 저도수 막걸리로 출시할래.' 아니면 '복숭아 넣으니까 맛있고 달더라 복숭아 막걸리 만들래.' 이런 식으로 하게 되면 인사이트나 깊이감이라고는 없는 양조장이 된다고 생각해서요. 목표가 있어야 특색이 나오고, 그 특색이 있어야 브랜딩도 가능하잖아요.

만약 과거로 돌아가서 양조장을 하기 전에 나에게, 이건 미리 알아 두면 좋다 싶은 건 있을까요?

첫 번째는, 주세법이요. 같은 술에서 시작되어도 술마다 장비가 별도로 있어야 해요. 가볍게 탁주도 만들고, 남은 거로 약주도 만들어 봐야겠다 생각하시면 안 됩니다. 전부 별도로 준비해야 하니까 주세법 잘 알고 시작하시는 걸 추천드려요.

그리고 설비에 대해서도 고민을 하시면 좋을 것 같아요. 무턱대고 살균해서 유통하면 되지 않냐고 하시고, 라벨도 기존 규격이 아니라 본인만의 스타일로 만들겠다는 분이 계시는데, 살균기나 커스텀 라벨기 같은 장비를 찾아보면 가격이 꽤 비싸요. 설비에 대한 지식이 굉장히 중요해요.

양조장 할 거라고 해서 부동산 계약했는데, 알아보고 나니까 주세나 설비를 생각을 못 해서 어영부영 시간만 쓰는 경우가 있어요. 그렇다고 급하게 손으로 빚다 보면 집에서 빚는 거랑 차이가 없거나, 물량을 감당하지 못해요. 꼼꼼하게 알아보시면 좋을 것 같습니다.

마지막으로 기초 브랜딩은 미리 진행이 되어 있어야 할 것 같아요. 간단하게는 병의 재질이나, 라벨 디자인 같은 것들. 내가 어떤 병을 사용할 거라고 하면, 인터넷에서 미리 구매해서 내가 정말 원하던 모양인지 확인해 보셔야 해요. 술이 나오고 진행하면 늦습니다.

마지막으로 희망적인 격려의 말 같은 걸 해 주신다면?

격려의 말은 제가 해 줄 게 아니라 듣고 싶은 말이긴 한데요. 어제 사온서의 2주년 축하 파티에 갔다 왔어요. 그 파티에서 느낀 게, 20대들이 생각보다 우리술을 많이 사랑해 주더라고요. 제가 20대 때는 술은 소주나 맥주밖에 안 마셨거든요. 그런데 요즘 20대는 가끔 한두 잔 마시는 게 아니라, 평가도 전문적으로 해 줄 만큼 우리술을 잘 알고, 좋아하더라고요.

지금 40대, 50대분들께 판매하는 것도 중요하지만, 20대분들께 우리술을 즐거운 경험으로 느낄 수 있게 해 주면, 나이가 들어서도 가끔은 우리술을 즐겨 주지 않을까 생각해요. 물론 와인이나 위스키를 더 즐기겠지만요.

분명 시장이 더 넓고 깊어지는 중이니, 그런 미래 시장을 보고 희망과 격려를 받으면 좋겠다 싶네요.

해일막걸리

서울시 관악구 신림동에서
23년 9월부터 시작한 양조장.

❝

　어릴 때는 붉은 벽돌로 지은 집을 지금보다 훨씬 흔하게 볼 수 있었던 것 같습니다. 그래서인지 지금도 붉은 벽돌로 지어진 건물을 보면, 추억을 회상할 때처럼 괜히 기분이 따스해지는 것 같아요. 해일막걸리의 건물은 붉은 벽돌 덕분인지, 바깥에서부터 따스함이 느껴졌습니다. 마치 막 지은 고두밥의 온기나, 누룩이 익어 가며 퍼지는 온기를 연상케 했어요.

　신림동이 케렌시아가 될 수 있다고 생각해 본 적은 없어요. 조용한 낮보다는 북적이는 밤이 더 잘 어울리는 동네라고 여겼으니까요. 그런데 해일막걸리 같은 공간이 몇 군데 더 생긴다면, 누군가는 신림동에서 평온함을 찾을 수도 있겠다는 생각이 들었습니다.

　안에서 본 해일막걸리는 밖에서 기대했던 것보다 더 따뜻한 공간이었습니다. 넉넉하게 들어오는 햇볕 때문에 불을 켜지 않아도 될 정도였고, 한쪽을 가득 채운 식물들은 싱그러움이 가득했습니다. 잔잔하게 흐르는 클래식 음악도 공간을 구성하는 데 한몫하고 있었고요. 햇볕을 쬐고 있는 누룩을 보면서, 이름에 대해서 생각했습니다.

　해일막걸리의 이름이 담고 있는 의미를, 대표님이 운영하는 브런치스토리에서 읽은 적이 있습니다. 인생에서 마주하는 수많은 파도를, 더 큰 해일이 되어 넘을 수 있는 사람이 되겠다는 뜻이 담겨 있다고 하셨죠. 양조장 안에서 밖을 바라보며 이렇게 안온한 공간이면 파도가 아니라 해일이 몰려와도 자기를 단단하게 지킬 수 있지 않을까 싶었습니다.

　떠올랐던 생각은 대표님과 인터뷰하면서 조금 더 단단해졌는데요. 좋

,,

아하는 것으로 삶을 꾸리는 사람들만 보일 수 있는 표정이 대표님 얼굴에서 가득했습니다. 공간이 사람을 닮아 만들어진 건지, 사람이 공간에서 변한 건지. 무엇이 먼저인지는 중요하지 않겠죠. 중요한 건 지금, 이 순간의 모습이니까요.

창업 전에 어떤 일을 하셨는지, 말씀 부탁드립니다.

스타트업에서 콘텐츠 마케터로 근무했습니다. 인턴으로 1년 반 정도 근무했고, 정규직으로는 딱 3개월 일한 후 퇴사했어요. 조직이랑 맞지 않았는지, 자연스럽게 섞이지 못하다가 결국 쉬어야겠다는 생각이 들어서 퇴사했어요.

생각보다 짧게 근무하셨네요?

계속 다니던 회사에서 정규직으로 전환된 게 아니라, 새로운 곳으로 이직하면서 정규직으로 입사했어요. 그러다 보니, 수습 기간을 무사히 보내서 꼭 정규직이 되어야겠다는 불안감이 컸어요. 나중에 알게 된 사실이지만, 공황장애 초기 증상이 있었고, 그 상태로 입사한 거라 많이 지쳐 있었죠.

지치다 보니 여유가 없어지고, 여유가 없어서 피드백을 받으면 긍정적으로 받아들이기보다는 움츠러들더라고요. 하필이면 조직 문화도 피드백을 중요하게 생각하는 회사였어요. 2개월에 한 번씩 같이 일하는 팀원들의 피드백을 받고, 6개월에 한 번은 회사 구성원 전체의 리뷰를 받아야 했어요. 그걸 보고 도저히 못 다니겠다 싶었죠. '악플 읽기'를 하는 기분이었어요.

스타트업 특유의 '끊임없이 성장해야 한다'는 분위기도 부담이었어요. 정규직이 되고 나서, 이제야 여유를 찾나 했는데, 아무리 일해도 끝이 없더라고요. 야근하고 집에 도착하면 밤 12시였죠. 자는 둥 마는 둥 하다가 다시 출근하는 게 힘들었어요. 그 와중에도 쉴 틈 없이 '더 성장해야 한다'는 압박을 받으니까, 버티지를 못하겠더라고요. 펑펑 울면서 퇴사했죠.

퇴사 후 바로 창업을 시작하신 건가요?

맞아요. 원래는 상담과 치료를 받으면서 쉴 생각이었어요. 마음을 좀 다스리고 나면 재취업할 생각이었죠. 다만 마냥 놀 수는 없으니, 퇴사하고 뭘 할지 고민하던 중에, 우연히 창업 지원 프로그램 공고가 알고리즘 추천으로 보이는 거예요. 별 기대 없이 신청했는데, 합격해서 어영부영 시작하게 됐어요. 운이 좋았다고 생각해요.

양조장이 아니어도 창업할 분야가 많았을 텐데, 양조장을 차리려고 한 이유가 있었나요?

운명 같은 순간 같은 건 없었어요. 회사 다닐 때부터 지쳐 있었다고 말씀드렸잖아요. 사람들한테 계속 둘러싸여 있는 게 힘들고, 평가받는 게 힘들었던 것 같아요. 혼자 조용히 사부작사부작하면서 먹고 살 수 있는 일을 하고 싶다고 생각했죠. 그러다 문득 탁주가 떠올랐어요.

저는 탁주와 맥주만 마시거든요. 탁주랑 맥주는 질리지 않고 마실 수 있으니까, 만들어 봐도 괜찮지 않을까 생각했어요. 사실 엄청나게 좋아하지도 않아요. 평소에 많이 마시지도 않고요. 친구들이 싫어해서 자주 마시지도 못하거든요. '이거다!' 싶어서 시작한 게 아니라, 그냥 막 저질렀어요. 이렇게 노동 강도가 클 줄도 모르고요.

양조장 외에 다른 창업 아이템은 고려해 본 게 있나요?

있었죠. 제가 좀 쉽게 질리는 성격이거든요. 그래서 질리지 않고 평생 꾸준히 할 수 있는 일이 뭘까 생각했어요. 아이스크림이나 강아지를 좋아해서, 좋아하는 것 중에서 하나를 선택하면 괜찮겠다고 생각했었죠.

아이스크림이나 애견 관련 사업을 선택하지 않은 이유가 있나요?

너무 본격적인 사업처럼 느껴졌어요. 사부작사부작하기엔 마음에 와 닿지도 않았고요. 마음이 자연스럽게 탁주로 갔어요.

생각해 보니 다른 이유도 있었어요. 저는 콘텐츠 마케터로 일했었잖아요. 그런데 문득, 전국적인 정전이 일어난다면 제가 생계를 유지할 수 있는 기술이 없는 거예요. 그래서 실체가 있는 기술을 배우고 싶었어요. 양조는 기술이니까. 정년도 없이 오래 일할 수 있지 않을까. 논리 없는 선택이었네요.

다시 마케팅 업무로 돌아가고 싶진 않나요?

아니요. 마케팅 업무를 하면 계속 트렌드를 쫓아가야 되잖아요. 트렌드를 이끄는 고객을 찾아야 하고, 그들의 취향을 쫓아가야 하는데 못 쫓아갈 것 같았어요.

양조를 처음 배울 땐 어떻게 배우셨어요?

지원 사업에 합격하고 처음에는 원데이 클래스부터 들었어요. 북촌에 있는 발효 공방 한옥이었던 것 같은데, 그곳에서 창포주부터 빚어 봤어요. 그 다음엔 다른 곳에서 청감주를 빚어 봤어요.

그 후 막걸리학교가 개강했는데, 돈이 충분하지가 않았죠. 커리큘럼을 보니 입문반은 왠지 생략해도 될 것 같아서 중급반부터 냅다 시작했어요. 이어서 고급반까지 다니고, 다니는 중에 국세청에서 운영하는 주류면허 지원센터 아카데미 수업이 열려서 일주일간 들었어요.

그다음 연도에 1년 반 정도 기다렸던 가양주연구소 명주반 차례가 돌아와서, 명주반까지 들었고요. 이후 수업부터는 비용을 내기가 어려워서 듣지 못했고, 이후에는 J&J 브루어리 대표님이 서울벤처대학교대학원의 탁약주 전문가 과정을 추천해 주셔서 수강했어요.

꽤 많은 수업을 들으셨네요.

아직도 부족하다고 생각해요. 지금도 더 배우고 싶죠. 당장은 힘들고, 양조장 일로 공부할 여력이 나질 않으니까 바로 수업을 듣는 건 어려울 것 같아요. 언젠가는 다시 공부를 하고 싶고요.

수업 외에도 J&J 브루어리에서 일을 배웠다고 들었어요.

다 인연이었는데요. 창업 지원 사업을 통해 매월매주 대표님을 소개받았는데, 대표님께서 창업 준비 당시 찾아가셨던 곳이 용인에 있는 J&J 브루어리였다고 하셨어요. 저 역시 우리술을 아이템 삼아 창업을 준비하니까, 매월매주 대표님께서 J&J 대표님을 만나면 도움이 될 거라고 추천해주셨어요. 바로 가방 하나 들고 용인의 양조장으로 갔죠.

J&J 대표님을 만나고 제가 하고 싶은 양조 방식과, 지속 가능성에 대한 고민을 두서없이 마구 말씀드렸어요. 나중에 J&J 대표님께 들어 보니까 처음 만났을 때, 제가 조그맣고 불쌍해 보여 선심으로 도와주셨다고 하시더라고요. 덕분에 설거지부터 라벨 부착, 택배 포장까지 직접 경험하면서 상업 양조의 흐름을 배운 것 같아요.

배우면서 유독 어려웠던 부분은요?

술맛 잡는 게 정말 어려웠어요. 인터넷 검색만으로는 원하는 정보를 얻기 힘들어서, 맛을 잡으려고 시행착오를 많이 겪었어요. J&J에서 알려 주신 대로 몇 번이고 술을 빚어 봤었는데 그때마다 술이 전부 망한 거예요. 망한 술을 보는데, '이제 큰일 났다. 탁주 어떻게 만들고 살지?' 같은 생각이 들더라고요. 결국 다시 몇 번이고 전화드려서 물어봤어요. 감사하게도 그때마다 힌트를 많이 주셔서, 다행히 레시피를 완성할 수 있었고요.

교육을 받은 기간은요?

다녔던 교육기관을 전부 합쳐도 1년이 채 안 되는 것 같아요. 막걸리학교도 한 시즌이 10강이니까, 두 달 반 정도잖아요. 전부 합쳐 봤자 1년 넘나. 넘을까 말까 한 수준이에요.

창업 전에 집에서 술을 빚어 보신 적은 있나요?

거의 빚어 본 적 없는 것 같아요. 술 배울 때도 힘들어서, 집에서는 거의 시도해 본 적 없는 것 같아요. 한 번은 여름에 술을 빚고 채주가 너무 힘들어서 두 달 동안 상온에 방치한 적도 있어요. 그렇게 완전히 망한 술을 많이 얻어 봤죠.

그럼, 첫 술이 언제 나온 거예요?

첫 술이 이번에(25년 3월) 나왔어요. 계획보다 많이 밀려서 이제야 출시하게 된 거죠. 양조 공간을 임차한 게 23년 8월인데, 어영부영 미뤄지다 보니 24년 7월에 면허가 나왔고, 그때는 한창 레시피를 다듬고 있을 때여서, 면허가 나오자마자 판매하진 못했어요. 효율적으로 일하는 스타일은 못 되는 것 같아요. 가성비가 많이 떨어지죠.

창업 후, 월급 없는 삶을 겪으니 어떤가요?

엄청나게 쪼들려요. 그러다 보니 큰 정부를 원하게 되고요. 기본 소득에 찬성하게 돼요. 정부 지원금이 없었으면 정말 버티기 어려웠을 거예요. 양조 공간을 열기 전에는 주말 알바라도 해서 100만 원씩은 벌었고, 그걸 생활비로 사용했죠. 중간중간 근로 장려금이나 청년 지원 수당도 받고, 인턴으로 근무할 때 모아 놨던 돈도 야금야금 사용하면서 쫓기진 않고서 살고 있는 것 같아요. 만약 정말 돈이 부족하다면 다시 아르바이트하러 갔겠죠.

돈에 대한 압박 외에 심리적으로 오는 압박은 없나요?

그걸 겪고 싶지 않아서 창업한 케이스예요. 마음은 편한데 돈에 대한 압박이 상상 이상으로 커요. 제가 계산을 잘못한 것 같긴 한데, 이번 배치의 술을 전부 팔아도 10만 원도 안 남는 것 같아요. 창업을 할 때 1, 2년은 버틸 수 있는 돈을 마련하고 시작하라고 하잖아요. 들을 땐 모르는데 겪어 보고 나서야 깨닫는 것 같아요.

한 번은 친구가 들려준 이야기인데, 지인이 창업 후 3년 동안 라면만 먹고 살았다는 거예요. 그런 이야기를 들으면 그래도 저는 상황이 좀 나은 상태라고 생각해요. 그렇게 위안받고, 아껴 가면서 버티는 것 같아요.

양조장을 한다고 했을 때 주변의 반응은 어땠어요?

친구들은 안 믿는 경우가 대부분이었어요. 그냥 공수표처럼 던지는 말인 줄 알았나 봐요. 제가 너무 지쳐 있으니까 그러는 줄 알았다고 하더라고요. "갑자기 무슨 막걸리야? 너 은퇴하고 하는 얘기야?" 이런 반응이 대부분이었죠.

아니면 제 오랜 꿈처럼 생각하는 애들도 많았어요. "지금 말고 50, 60대 때 한다는 거지?" 그렇게 되물어서, 지금 당장 시작한다고 하면 무슨 말이냐며, 믿지 않았죠. 그냥 덮어놓고 응원한다는 친구들도 조금 있었죠.

우리술 업계에서 일하시는 분들은 열이면 열, 하지 말라고 하셨고요. 그런데 막상 시작해 보니까 저도 하지 말라고 하고 싶어요.

부모님은 뭐라고 하시던가요?

아버지는 진작에 공무원이나 하지 왜 갑자기 양조장 창업을 하는지 궁금해하셨고, 어머니도 비슷하셨어요. 두 분 다 뜬금없는 선택이라고 여기셨죠. 지금은 제가 계속 준비하면서, 결과물을 내니까 태도가 많이 바뀌셨어요. 그래 네가 행복한 일 하라고 응원해 주시죠.

크게 반대하시진 않으셨나 봐요.

반대보다는 멀쩡히 대학 4년 다 채우고 나와서, 정규직 된다고 열심히 하다가, 이제 막 정규직이 됐는데 뜬금없이 자영업을 한다고 하니까 놀라셨던 것 같아요. 또 매장을 어린 여자가 혼자 한다고 하면 생기는 진상들도 걱정하셨죠. 더군다나 술이니까. 더욱 걱정하셨던 것 같아요.

업무 루틴은 어떻게 되나요?

원래 루틴이 없었어요. 얼마 전, 양조장을 정규 오픈하면서 영업시간이 정해진 거고, 그전에는 공방도 예약제로 운영하다 보니까 손님이 예약한 시간 3시간 전에 출근해서 준비하고 손님이 체험을 마치고 떠나면 저도 설거지하고 퇴근하는 식이었어요.

이제는 좀 생겼죠. 이제 오후 4시에 출근해요. 영업 시간이 오후 4시부터 8시까지거든요. 오픈하기 전에 운동 갔다가, 출근해서 청소하고 손님 맞을 준비를 하죠. 준비를 마치고 나면 양조장 일을 하죠. 병입을 하거나, 설거지하거나, 서류 작업을 해요.

막상 해 보니까 원래 예상했던 일이랑 좀 다른가요?

시작하기 전에 생각하던 건, 내가 힘들지 않은 선에서 적당히 탁주 빚어서 적당히 먹고살아야지, 조용히 살아야지 했는데 알고 보니 기계 소음부터 엄청 컸어요. 그나마 제가 감당할 수 있는 용량으로 작게 시작해서 그렇지, 크게 했으면 못 했을 것 같아요.

생각보다 힘도 엄청 많이 들고요. 무엇보다도 체력이 정말 필요해요. 체력이 있는 상태에서 양조를 하든, 양조하면서 체력을 기르든 체력이 있어야 하는 것 같아요.

제일 어려운 일도 힘쓰는 일이겠네요.

저한테는 그런 것 같아요. 양조장을 시작하고 나서는 정신적인 스트레스가 거의 없어요. 육체노동이 제일 힘들죠. 가끔씩 손님이 몰려올 날이 있어요. 그런데 양조 작업도 겹치면 12시간 이상 서 있어야 하니까. 허리도 너무 아프고 바로 눕고 싶어요. 그래도 정신적인 스트레스가 없다는 점이 괜찮은 것 같아요.

혼자 일하시는데, 아프거나 피치 못할 사정이 생기면 어떻게 하시나요?

아직 그런 일이 없어서 다행이지만, 제가 제일 걱정하는 부분이에요. 만약에 교통사고가 난다거나, 갑자기 아파서 쓰러지면 다음 날 영업을 못하게 되잖아요. 그런데 그걸 공지할 방법이 없어요. 하필 그날 누가 체험 예약을 하셨으면 손님 입장에서 얼마나 기분이 나쁘겠어요. 아무 연락도 없이 매장이 닫혀 있을 테니까. 혹시 그런 일이 생길까 봐 걱정되죠.

그래서 자동 문자 안내 시스템도 생각해 봤어요. 제가 매일 확인하고 클릭을 못하면 자동으로 취소 문자가 보내지는 시스템도 생각했어요. 그런데 제가 클릭을 까먹을 것 같은 거예요. 그래서 다른 쪽으로 고민해 보고 있어요.

좋아하는 술은 어떤 건가요.

주종으로는 맥주와 탁주요. 달콤하고 탄산이 있는 술을 좋아해요. 맥주 중에서는 라거처럼 가볍고 시원하고 청량감 있는 술을 좋아해요. 칵테일도 달고 탄산이 있는 칵테일을 좋아하고요. 탁주도 마찬가지로 달고 가벼운 술을 좋아해요.

달고 탄산이 있는 술을 좋아하는 이유가 있을까요?

특별한 이유는 없는 거 같아요. 완전 개인 취향이에요. 맛에는 정답이 없다고 생각하거든요. 같은 술을 마셔도 모두 다르게 느끼는 것 같아서, 모두를 만족시키는 술은 없다고 생각해요. 다만 내 마음에 드는 술을 만들면 나와 같은 취향을 가진 누군가는 좋아하겠다 싶어서 제 취향을 반영해서 술을 만들고 있어요.

객관적으로 더 뛰어난 술은 없고, 모두 주관적으로 뛰어난 술이라는 거죠?

맞아요. 저는 각자의 분야에서 모든 술이 최고의 술이라고 생각해요. 물론 나쁜 술도 있죠. 이취나 잡미가 느껴지는 잘못 빚어진 술들이요. 그런 건 나쁜 술이라고 말해야겠죠. 그렇지 않은 술은 전부 취향의 영역이라 생각합니다.

취향이 반영된 술을 만들고 계신 것 같은데, 다른 사람의 취향을 반영해서 팔 생각은 없으세요?

제 입맛에 맞지 않으면 만들지 않아요. 제가 자신이 없으면 추천을 못 하겠더라고요. 관련해서 일기를 쓴 적도 있어요. 자세한 내용을 말씀드릴 순 없지만, 결국 제 입맛에 맞지 않으면 만들지도 않고, 팔지도 못할 거예요. 제가 극복할 수 없는 부분이고요.

그럼, 취향을 떠나서, 잘 만든 술은 어떤 거라고 생각하세요?

예전에 똑같은 질문을 받았어요. 그런데 그때도 답을 못 드렸고, 지금도 답을 못 드릴 것 같아요. 아직도 한 번씩 생각하는데, 뾰족한 답이 떠오르지 않네요.

그럼, 술이 아니라 잘 만든 제품은 어때야 하는지 여쭤본다면요?

일반적인 제품처럼 생각하긴 어려운 것 같아요. 보통의 제품이라면 일관성이 있어야 한다고 대답하겠는데, 탁주는 순간을 즐기는 술이라고 생각하거든요. 말씀드렸던 기준으로 평가한다면 오늘 먹든 내일 먹든 항상 같은 맛이 나와야 좋은 제품이겠지만, 탁주는 맛이 조금씩 달라지잖아요. 그게 나쁘다는 게 아니라, 마치 완벽하게 동일한 연극의 재연이 불가능한 것처럼, 탁주도 미묘하게 변하는 순간을 즐기는 술이라고 생각해요. 이 질문도 답하기가 어렵네요.

다른 질문으로 넘어가서 창업 비용은 얼마나 드셨어요?

운이 좋았다는 말을 먼저 해야 할 것 같아요. 운 좋게 저렴한 부동산을 구할 수 있었죠. 지금 여기가 1층에 20평 정도 되는데, 평균적인 시세보다 훨씬 저렴했어요. 비용으로만 이야기하면 3천만 원 정도 들었던 것 같아요.

비용은 어떻게 마련하셨나요?

대출을 1천만 원을 받았고, 모아둔 돈이랑 어머니한테 빌린 돈을 합쳐서 마련했어요. 계속 상환해야죠.

비용이 굉장히 적게 들었네요.

제가 생각해도 가성비 있게 준비한 것 같아요. 아버지가 인테리어 일을 하시거든요. 인테리어 수저인 거죠. 인테리어 비용이 거의 들지 않았어요. 만약 비용을 부담했다고 생각하면 돈이 훨씬 많이 들었겠죠. 장비도 최소한으로 구입한 편이고요.

창업 준비 기간은 어느 정도 되시는 거예요?

약 3년 정도 들었어요. 1년 반은 주말 알바랑 병행하면서 준비했고요. 전업으로 준비한 건 딱 23년 9월부터예요.

아직 매출이랄 건 없는 거죠?

체험 프로그램 매출이 대부분이고 이제 제품을 출시했으니까, 술을 팔면 매출이 좀 더 붙을 것 같아요. 그래도 월급 받던 때에 비하면 소소하죠. 시작하기 전부터 잘될 거라고는 생각하지 않았어요.

보통 시작 전에는 희망을 품지 않나요?

제가 객관적인 편이거든요. 탁주와 관련한 기사 몇 개만 읽어 봐도 성장 가능성이 낮아 보이는 거예요. 그래서 시작하기 전부터 돈 벌 생각을 안 했어요. 몇 년이나 버틸 수 있을까 같은 생각을 했죠.

술이 팔릴 거라고는 생각하지 않으셨던 것 같아요.

그래서 많은 양을 만들지 않았어요. 낭비되지 않을 만큼만 만들었고요.

제 힘이 허락하는 만큼만 만들려고 했어요. 이번은 첫 배치라서 원래 계획보다 2배 많이 빚어서 300병 만들었어요.

그렇게 팔면 술 판매로는 매출로는 운영이 어려울 것 같은데요?

그렇죠. 남는 게 없죠. 처음에는 체험 프로그램 운영 매출이 부가적인 매출이고, 술 판매 매출이 주 매출이 될 줄 알았는데, 운영하다 보니까 상황이 역전되는 것 같아요.

양조장 창업하려는 분들께, 현실적인 조언을 해 준다면?

돈을 벌기 위해 양조장 창업하려고 하신다면, 실패하실 거라고 말씀드리고 싶어요. 그래도 난 양조장을 하고 싶다는 분이 계신다면 말리진 않을게요. 돈이 아니고 다른 가치를 지향하는 걸 제안하고 싶어요. 세계적인 성공이나, 막대한 돈을 원하시면 다른 길을 선택하는 게 좋을 거라고 말씀드리고 싶습니다.

과거로 돌아가서 창업을 하기 전에 나한테 이건 알고 시작했으면 좋겠다 싶은 게 있나요?

사업계획서를 쓰는 법을 알면 좋을 것 같아요. 저도 사업계획서를 더 잘 쓸 수 있었으면 지원 사업을 더 받을 수 있지 않았을까 싶어요. 인정받고 통하는 양식이 따로 있는 것 같은데, 제가 그런 걸 미리 알았다면 지원을 더 잘 받을 수 있지 않을까 싶어요. 지금도 사업계획서를 잘 쓰는 편은 아닌 것 같아요.

마지막으로 고민하는 사람들한테 희망의 말이나 격려의 말이 있을까요?

저는 지금 제 삶에 굉장히 만족하고 있습니다. 생계만 해결되면 더할 나위 없겠지만, 그 이상으로 저는 지금 삶이 마음에 들어요. 이렇게 살 거라고는 전혀 예상하지 못했었는데, 지금 삶에 아주 만족합니다. 돈 벌 생각만 내려놓으시면, 괜찮은 삶이에요.

매산양조장&매산술집

수원시 장안구 연무동에서
23년 4월부터 시작한 양조장.

"

    수원 8경 중 하나인 '나각망월(螺閣望月)'은 동북공심돈 위로 떠오른 보름달을 뜻합니다. 어두운 밤하늘 위에 흰 달만 둥실 떠 있는 걸 보니, 잔에 담긴 가득 담긴 탁주를 위에서 내려다보는 것 같더라고요. 아마 매산양조장도 그런 모습을 상상하지 않았을까요? 첫 번째 술의 이름이 '나각망월'인 걸 보면요.

    최근 매산양조장은 이사를 준비하고 있습니다. 이사가 완료되면, 박물관 설립도 예정되어 있고요. 완성된 모습을 상상하면, 위층 양조장에서는 술이 빚어지고, 아래층 술집에서 사람들이 술을 즐기는 공간일 겁니다. 건물 구조부터 '빚고, 즐기고, 기억하는' 흐름이 연결되도록 설계된 공간이니까요. 방금 매산양조장의 술이 지역의 풍경을 담았다고 했던가요. 매산양조장의 술은 단순한 음료가 아닌 문화의 매개체에 가까워 보입니다.

    어떤 기억은 거스를 수 없는 자연재해처럼 느껴지기도 합니다. 단순히 떠올리는 것을 넘어, 이전의 그 순간으로 되돌려 놓는 힘이 있는 기억들요. 김윤환 대표가 만들고자 하는 술이, 그런 불가항력적인 기억일 수도 있겠다는 생각이 들었습니다. 수원을 아는 누군가가, 그의 술을 한 잔이라도 마신다면, 그 즉시 수원을 떠올리게 하는 게 목표일지도 모르겠네요.

    이제는 다소 식상해진 로컬 브랜드에 대해 다시 생각해 볼 수 있었던 인터뷰였습니다. 단지 지역 출신이라는 정체성에만 기대는 로컬 브랜드가 아니라, '고향'이나 '뿌리'라는 구태의연한 단어를 다시 생각하게 하는 브랜드였으니까요. 적어도 저는 잊고 지내던 단어들을 다시 떠올릴 수 있었던 인터뷰였습니다.

창업 전엔 어떤 일을 하셨는지, 말씀 부탁드립니다.

해외의 인테리어 전문학교에서 가구 디자인을 전공했어요. 원래는 졸업 후에도 인테리어 일을 하려고 했었죠.

전혀 다른 전공이신데, 어쩌다 양조장을 차리신 거예요?

학교를 다니면서 인턴 활동을 했는데, 그 회사에서 저를 좋게 봐주셨나 봐요. 졸업 후 바로 입사하는 걸로 내정되어 있었어요. 그런데 졸업 직전에 할아버님이 유언 아닌 유언으로, 가족 사업으로 운영했었지만, 지금은 정리한 인영아동상담소와 매산양조장이 다시 운영되는 걸 보고 싶다고 하셨어요. 저한테 할아버지는 영웅이시거든요. 그런 영웅이 제게 마지막 소원이라고 말씀하시는데 어떻게 거절할 수 있겠어요. 제가 양조장을 맡아보겠다고 이야기했죠.

그때가 양조장을 차리겠다고 결심하신 순간인 건가요?

맞아요. 그렇다고 할아버님의 말씀만 듣고 양조장을 차려야겠다고 생각한 건 아니에요. 제가 장기적으로 하고 싶은 일과도 연결된다고 판단해서, 양조장 창업을 선택하게 됐어요. 할아버지께 양조장을 보여 드리고 싶다는 마음 반과, 제 최종 목표에 도움이 될 것 같다는 생각 반으로 시작했어요.

그럼 말씀하시는 최종 목표는 어떤 건가요?

최종 목표로 생각하는 건 DIY 파크예요. 한국 사회를 살면서, 제일 무서웠던 기간은 장래 희망이 없던 기간이었거든요. 어릴 때 다양한 경험을 하면서 내가 어떤 활동을 좋아하고 싫어하는지 알 수 있어야 희망이나 꿈이 생긴다고 생각하는데, 판단의 근거로 삼을 수 있는 기회 자체가 없다고 생각했어요.

그래서 목공, 유리, 가죽, 도예 등 사람 손으로 만드는 다양한 활동을 경험할 수 있는 공간을 만들고 싶었어요. 경험을 해야 맞는지, 맞지 않는지 알 수 있으니까요. 그런데 그런 테마파크를 만들려면 많은 사람의 힘이 필요하잖아요. 그래서 사람을 많이 끌어모을 수 있는 일을 업으로 삼아야겠다 싶었어요. 제가 생각했을 때, 무슨 일을 하는 사람이든 음식을 먹어야 할 거고, 결국 F&B 사업을 해야겠다 싶더라고요.

원래도 양조나 식음료에 관심이 있으셨던 거예요?

술에 대해서 관심은 많았죠. 그런데 깊게 공부했던 적은 없는 것 같아요. 양조장을 창업해야겠다고 결심하면서 술을 배웠어요.

그럼, 처음에 양조는 어떻게 배우셨어요?

매장에서 막걸리 양조와 주점을 함께 운영하는 곳이 수원에 있었어요. 그곳에서 1년 넘게 근무했죠. 처음에는 홀 서빙을 구하시기에 면접을 보러 갔어요. 면접 중에 지원 동기를 물어보셔서, 나중에 양조장을 할 거라고 솔직하게 말씀드렸어요. 그랬더니 양조사도 뽑고 있었다면서, 홀 근무도 하면서 양조까지 같이 해 보는 건 어떻겠냐고 제안해 주셨어요.

다양한 양조 경험을 했다기보단, 사회적으로 우리술을 어떻게 인식하는지 알 수 있었던 것 같아요. 위스키나 와인처럼 유명한 주종은 분류도 잘 되어 있고, 예시를 들기도 쉽지만, 우리술은 아직 그렇진 못하잖아요. 생소한 물건을 판매하듯 접근해야 한다는 걸 배웠어요. 판매에 대한 개념을 많이 배웠죠.

교육을 따로 듣진 않으셨어요?

막걸리학교에서 배웠어요. 교육받기 전부터, 양조는 머리로 배운다고 되는 게 아니라 직접 몸으로 익혀야 한다고 생각했어요. 그렇기에 양조 기술보다, 인문학적인 개념을 배우고 싶었어요. 막걸리학교가 타 교육기관에 비해서 제가 원하는 부분에서 강점이 있다고 생각해서, 초, 중, 상급반을 듣고 창업했어요.

교육을 받으면서 특별히 어려웠던 점은 있을까요?

가구 인테리어 배울 때랑 비슷하게, 양조는 수학 공식과 다르게 항상 동일한 값이 나오지 않더라고요. 굉장히 다양한 요소가 술맛에 관여하다 보니, 분명 저는 똑같이 빚었다고 생각했는데, 맛이 다르게 나오는 게 힘들었어요. 모든 걸 통제하고 알아보기엔 굉장히 많은 시행착오가 필요하기도 하고요.

술맛에 대한 게 제일 어려웠다는 말씀이네요.

맞아요. 맛은 최근에야 어느 정도 정립이 되었다고 생각해요. 이전에는 균일한 맛은 물론이고, 어떤 맛을 추구해야 하는지도 몰랐던 거죠. 단순히 '어떤 맛의 술'이 아니라, 매산양조장만의 특징이 되는 맛은 무엇이냐고 물었을 때, 떠오를 수 있는 맛을 최근에야 정립하기 시작했어요.

그럼 술맛 외에, 다른 불안 요소는 없었나요? 대표적으로 월급 없는 삶에 대해서요.

사람들이 월급 없는 삶을 힘들어하기도 하고, 창업하기로 한 후에 걱정하지 않은 건 아니에요. 다만 그땐 싱글이어서 크게 겁내진 않았던 것 같아요. 우스갯소리지만, 망하면 막일하면서 복구하자는 생각이었죠. 졸업

장도 있겠다. 나무 가구 공방에서 나무 좀 썰다 오면 다시 술 빚으면서 살 수 있지 않을까 생각했어요.

그리고 못 벌 때는 정말 못 버는 불안한 삶에 대한 질문이라면, 애초에 양조장이 돈이 안 될 거라고 생각했어요. 그러니 지속 가능하려면, 다른 일과 병행해야겠다고 생각했고 그게 함께 운영하는 주점인 거죠. 요식업으로 돈을 벌어서 양조장에 돈을 투자해야겠다고 생각했어요.

양조장을 한다고 할 때, 주변의 반응은 어땠나요?

우리술을 배울 땐, 제가 어딜 가던지 막내였어요. 그래서인지 업계에선 어딜 가든 그냥 귀엽게 봐주셨던 것 같아요.

친구들은 우리술 이야기가 나오면 제 이야기를 하는 정도예요. 어쩌다 대화 주제로 우리술이 화두에 오르면 '내 친구가 양조장 사장이다' 정도? 이야깃거리로 언급하는 것 같아요.

의외로 반대하는 사람은 없었네요?

네. 아내가 도와주면서 투덜거리는 거 정도? 제가 힘들어한다고 응원 겸해서 도와주거든요. 사실 정말 힘들어한다거나 그만하라는 것보단 걱정해 주는 거죠.

양조장을 운영하시면서, 일과가 어떻게 되나요?

아침에 일어나서 가족이랑 시간을 보내요. 식사도 하고, 같이 놀다 보면 시간이 금방 지나가더라고요.

1시에 양조장을 가서 술을 확인해요. 산도, pH, 당도, 알코올 등을 확인하면서 술이 잘 익어 가고 있는지 확인해요. 품질 관리 후, 3시엔 매장으로 출근해서 주점의 장사 준비를 합니다. 새벽 1시까지 영업을 하고, 마치면 귀가하고요.

술은 보통 3주에 한 번 빚어요. 주말엔 매장 출근은 하지 않거든요. 그럼, 주말에 양조장으로 출근해서 술을 빚죠. 술 빚는 일 외에도 우리술 관련 행사가 보통 주말이다 보니 행사에 참석하기도 하고요.

양조장 일은 혼자 하시는 거예요?

네. 지금은 혼자 근무하고 있어요. 원래는 4명이었죠. 저랑 양조사 한 명이랑, 주류 판매 소매점 경력이 있던 직원 한 명. 그리고 제가 자주 가던 바의 사장님이 제가 양조장을 차릴 때쯤 바를 정리해서 같이 하자고 제안 드렸고, 같이 시작하게 됐죠.

그런데 모든 일이 처음 계획보다 딱 1년씩 밀렸어요. 지역과 연계해서 진행하는 일도, 체험 프로그램으로 기획한 일도, 우리술 문화를 판매하는 일도 계획하고 있었는데 시기가 안 맞으면서 점점 적자가 누적되었어요. 처음에는 별일 아니라고 생각해서 6개월 정도 지속했는데, 투자금이 바닥을 보이니 계속하기가 힘들더라고요.

처음에 창업 비용은 얼마나 들었던 거예요?

보증금 포함해서 1억 원 정도 들었던 것 같아요. 전원주택을 빌려서, 지하 1층은 양조장으로 사용하고, 지상 1층은 제 거주 공간, 2층은 사무실로 사용하려고 했죠. 제 신혼집이랑 공장이랑 사무실을 한 번에 해결하려고 했었어요.

그럼, 창업 비용은 어떻게 마련하셨어요?

학생이었다가 바로 시작한 거라, 거의 전액 대출로 시작했어요.

창업 준비 기간은 얼마나 되나요?

교육을 1년 정도 들었고, 면허 준비하고 발급까지 3개월이 걸린 것 같아요. 컨설팅을 받아서 진행했죠. 23년도 4월에 면허가 나와서 창업하고, 6개월 뒤인 9월부터 첫 술을 내렸었고요. 매산술집은 24년도 3월부터 시작했어요.

지금까지 운영하시면서 제일 힘들었던 일을 꼽으신다면요?

제가 만들 수 있는 최상의 상품으로 만들었는데, 중간 유통상한테 거절당할 때가 제일 힘들었어요. 처음엔 소비자한테 거절 받는 것에 대한 걱정만 했었어요. 그런데 소비자의 선택을 받기도 전에, 도매상에서 가격 경쟁력이 없다고 거절하더라고요. 지금 상태로는 팔 수가 없다. 팔고 싶으면 제조 방법을 바꿔 오라고 해서서, 그냥 무시했어요.

아예 터무니없는 지적은 아니었지만 어쩔 수 없었어요. 제가 생각했을 땐 품질은 최대한 유지하면서, 가격은 최대한 내린 상태였거든요. 대규모로 구매하면 더 저렴하게 만들 수 있죠. 그런데 소규모 양조장이니까 조금씩 구매할 수밖에 없잖아요. 제 상황에선 최선의 술이어서 더 포기할 수가 없었어요.

도매상과의 거래가 부드럽지 못하셨으면, 매출에도 타격이 있었을 것 같은데요?

정말 말도 안 된다고 생각할 정도로 적게 팔렸었어요. 지금은 어느 정도 예상한 만큼 팔리고 있는데, 그땐 '어떻게 한 달에 100병도 못 팔지?'라고 저희끼리 이야기했었어요. 사실, 지금도 대부분의 매출은 술집에서 발생해요. 비율로 따지자면 9:1 정도? 당연히 술집의 매출이 9고요.

알려지는 데 시간은 오래 걸리다 보니 불안해하던 때도 있었지만, 맛에 대한 확신이 있었어요. 그래서 계속할 수 있었던 것 같아요.

맛 이야기가 나온 김에, 대표님이 좋아하는 술은 어떤 스타일이에요?

모든 주종을 좋아하다 보니까 아우르는 특징을 말씀드리기 어렵네요. 제가 음악도 이지 리스닝(Easy Listening) 스타일을 좋아하거든요. 생각해 보니 술도 마시기 편한 술을 좋아해요.
너무 강한 캐릭터를 가지고 있는 술보다는, 어디에 페어링해도 무난하고, 언제 꺼내서 마셔도 무난한 술. 특정 순간에 너무 잘 어울리는 술보다는 모든 순간에 괜찮은 술을 좋아합니다.

말씀하신 내용이 만드는 술에도 묻어 있는 것 같네요.

그렇죠. 한식이 맵고, 짜고, 달잖아요. 한식이랑 먹었을 때 너무 달아서도 안 되고, 너무 산미가 강해서도 안 되면서, 어느 정도 클렌징을 해 줄 수 있는 술로 만들어야겠다 싶었어요. 한식이 캐릭터가 강한데, 술마저 강하면 쉽게 질리잖아요. 한국 음식과 페어링하는 술에는 클렌징 효과가 있어야 한다고 생각해요.

최근 트렌드를 보면, 부재료가 들어간 술이 강세를 보이는데 부재료를 넣은 술은 생각해 본 적은 없으신가요?

한 번도 없어요. 저는 부재료가 들어간 술은 음식과 함께 즐기기보다는 디저트처럼 단독으로 즐겨야 한다고 생각해요. 그 지점에서 우선 제 철학과 맞지 않고요.

매산양조장의 취지와도 맞지 않는 게, 저는 매산양조장이 지역을 알리는 양조장이고 싶어요. 만약 수원 지역을 표현할 수 있는 부재료가 있다면, 부재료를 사용해 술을 만드는 게 수원을 알리는 가장 효과적인 방법이겠죠. 그런데 수원에는 그럴 만한 재료가 없어요. 그나마 생각해 보면 청개구리? 그렇다고 청개구리로 무술주를 만들 순 없잖아요.

제품 브랜드로 봤을 때도 어려워요. 수원의 대표적인 경치를 보고, 경치의 시각적인 느낌을 미각으로 치환하는 게 저희 브랜드의 목표인데, 경치를 부재료로 풀어내기엔 표현이 부족할 것 같습니다.

그럼 잘 만든 술은 어떤 술이라고 생각하세요?

초보자한테 고인물이 추천해 주고 싶은 술이라고 생각해요. 우선 초보자의 기준을 최소한의 술 구분을 할 수 있는 사람으로 정의할게요. 입문자는 아무것도 모르는 사람이고요. 아무것도 모르는 사람에게 추천할 땐, 무난한 술을 골라서 추천하겠죠. 실패하지 않도록.

반대로 초보자한테 고인물이 추천해 준다면, 자기가 마셔 본 술 중에서도 잘 만들었다고 생각한 술을 추천해 줄 거예요. 입문자에게 추천할 때와는 다르게, 단순히 대중성만 잡은 술이 아니라 완성도까지 훌륭한 술을 고를 거예요. 그러니 그 술은 잘 만든 술이자 잘 만든 제품이 아닐까요?

양조장 창업을 하시려는 분께, 현실적인 조언을 해 주신다면요?

진짜 하지 마시라고 먼저 말씀드리고 싶고요. 그래도 하시겠다면 환영합니다.

이제는 개인적인 색깔이 중요해진 시기가 된 것 같아요. 자기가 만들고 싶은 술이 확실해야 하고, 브랜드 아이덴티티가 예전보다 훨씬 중요해진 시대죠. 내 술만의 강점을 잘 생각해야 할 것 같아요. 물론 최선은 하지 않는 거고요.

왜 하지 말라고 말씀드리냐면, 이미 레드오션이라고 생각해요. 절대적인 양조장의 수가 너무 많아서라기보다, 우리술을 소비하는 사람들에 비해, 양조장의 수가 더 많은 것 같아요. 그러다 보니 개성이 중요한 시기라고 말씀드리는 거고요. 해야겠으면 생각을 많이 해야 할 것 같아요.

그럼, 과거로 돌아가서, 창업 전의 나에게 조언을 해 준다면요?

'비트코인이 생각보다 훨씬 더 중요하다'는 말은 농담이고요.

가장 로컬적인 것이 가장 세계적인 것이라는 생각은 틀리지 않았다고 말해 주고 싶어요. 흔들리지 마라. 운영하면서 되게 많이 흔들렸거든요. 어느 정도였냐면, 1천 원 대의 탁주를 만들어야 하는지 고민했어요. 술이 정말 안 팔렸거든요.

처음 시작할 땐, 단순히 술을 판매하는 양조장이 아니라 우리술 문화를 알리고 싶은 생각이 더 컸어요. 지역과 연계된 경험이나, 우리술 체험을 알리는 공간이 되고 싶다고요. 분명 시작은 그랬는데 개인의 이득 앞에서 많이 흔들리더라고요.

그런데 결국 옳았어요. 지역의 색을 잘 녹여 내면, 분명 지역에서 반응해 줄 거라는 생각도 맞았고, 술이 아니라 문화를 판매하고 싶다는 생각도 조금 늦긴 했지만, 계획대로 되고 있어요. 그러니 늦더라도 목표가 바르면 시작된다. 겁먹지 말라고 말해 주고 싶어요. 되돌아보니 흔들려서 시작조차 못 한 일이 후회되더라고요.

마지막으로 창업을 고민하시는 분께 희망적인 조언을 해 준다면요?

격려의 말보다는, 양조장을 창업해야겠다고 결심하신 분들께 조언을 해 드린다면, 피드백을 많이 받지 마세요. 독입니다.

앞으로 우리술도 위스키나 와인처럼 '누가 만들었는지'가 중요한 시대가 올 거라고 생각해요. 제조 기법으로는 어떤 걸 사용했는지, 재료로 무엇이 들어갔는지도 중요하겠죠. 다만 그 이상으로 누가 만들었는지가 중요해질 거예요.

술을 만드는 사람은 중심을 잡고 있어야 해요. 양조장 창업하실 정도면 다양한 주종을 경험해 보고, 많은 술을 마셔 봤을 거잖아요. 어느 정도 장단점도 파악할 수 있을 거고요. 주관도 있을 텐데, 타인의 말을 너무 많이 수용하게 되면 주관이 흔들리게 되면서 양조장 자체의 색깔이 흔들려요.

아마 여러분이 생각하는 게 정답일 겁니다. 타인의 말에 흔들리지 마세요.

진정브루잉

강원도 강릉시 홍제동에서
22년 9월부터 시작한 양조장.

> 66

　강릉이라는 도시를 생각하면, 대부분은 바다를 먼저 떠올리실 거예요. 넘실거리는 경포해변, 모래를 밟으며 마시는 커피, 파도 소리에 묻히는 저녁의 기척 같은 것들을요. 하지만 강릉은 바다만으로 이루어진 도시가 아닙니다. 바다에서 비켜난, 강릉의 골목 안쪽에도 생기가 넘실거리죠. 변함없이 조용한 주택가인 듯한 새냉이길 골목에도 어느새 독립영화관이 생겼고, 정말 그림 같은 카페도 생겼으며, 진정성 가득한 양조장도 하나 생겼습니다. 작지만 단단한 세계를 품은 가게들이죠.

　가끔 몇 번씩 감탄하게 만드는 사람이 있습니다. 대표적으로 겉의 포장지는 한없이 가볍지만, 속의 내용물은 더없이 진중한 사람들인데요. 진정브루잉의 두 대표도 그랬습니다. 하루 종일 가벼운 농담을 던지다가도, 어떤 양조장이 되고 싶은지 물으면 더없이 신중해지더군요. 양조장도 사람을 닮는지, 진정브루잉을 방문했을 때 들었던 인상도 비슷했습니다.

　작은 간판과 잘 분리되어 있는 공간. 방문객에게 위압감을 주거나 경외감을 느끼도록 하는 공간은 아니지만, 오두막에 들어갈 때처럼 부담 없이 편안했습니다. 힘을 주지 않아도 되는 공간처럼 보였거든요. 물론 그게 전부는 아니었죠. 깔끔하게 분리되어 있는 공간에서 단호한 선도 느껴졌습니다. 한없이 열려 있지만, 본질은 놓치지 않는 대표님들처럼요.

　지면의 한계상, 농담을 모두 글로 옮길 순 없었지만, 손꼽을 정도로 유쾌하고 재미있는 인터뷰였습니다. 인터뷰 내용으로는 속의 내용물만 담

"

아 볼 테니, 강릉의 새냉이길을 방문하신다면 겉의 포장지도 꼭 겪어 보셨으면 합니다. 적어도 실망하진 않으실 거예요.

두 분은 원래 어떤 일을 하셨는지, 간단히 소개해 주실 수 있을까요?

진명근 대표(이하 진): 양조장 창업 전에, 친구들과 문화 기획사를 창업해서 운영했었어요. 강릉의 로컬 크레이터나, 지자체와 협업해서 행사나 이벤트를 진행하는 업무를 주로 맡았죠. 퇴사를 앞두고는 새로운 로컬 크리에이터 발굴을 위해서 워케이션 프로그램을 운영하는 업무를 맡았습니다.

정성기 대표(이하 정): 저도 같은 회사에서 근무하면서, 강릉의 로컬 브랜드를 표현할 수 있는 디자인을 만드는 업무를 했습니다.

꼭 강릉이어야 했던 이유가 있나요?

진: 제가 계속 살아온 지역이기도 하고, 지역에서 브랜드를 만드는 일을 했었다 보니, 자연스럽게 강릉에서 창업하게 된 것 같아요.

정: 분당에서 오래 살았었는데, 어느 날 갑자기 지루하다는 생각이 들었어요. 즉흥적으로 강릉 이주를 결정하게 됐죠. '꼭 강릉이어야 해!' 이랬던 건 아니고, 마침 강릉에서 사람을 뽑더라고요. 그렇게 강릉으로 왔어요.

하시던 일을 그만두게 된 계기는 어떤 건가요?

정: 그 시기에 회사 업무가 권태롭게 느껴졌던 것 같아요. 제가 원하던 방향도 아니었고요. 그래서 자연스럽게 나만의 무언가를 만들어 보고 싶다고 생각했어요. 저와 비슷한 시기에 진 대표도 비슷한 생각을 했던 거죠.

진: 생각해 보면 회사 전체가 초반의 역동성을 잃어 가던 때가 아니었나 싶어요. 개인적으로는 워케이션 프로젝트를 진행하면서 약한 번아웃도 왔었고요. 다른 사람들이 기뻐하는 모습을 보는 건 좋았지만, 저는 행복하지 않았거든요. 그래서 자연스럽게 둘이 술을 많이 마시면서 이런저런 이야기를 나눴던 것 같아요. 그러다 우리 모두 좋아하는 걸 해 보자고 이야기했고, 그렇게 창업까지 이어진 거죠.

회사 동료랑 창업한다는 게 쉽지 않은 결정이었을 것 같은데요?

정: 우선 주량이 맞아서 좋았던 것 같아요. 농담이고요. 처음에 제가 왔을 때, 진 대표가 많이 챙겨 줬어요. 주말에 혼자 뭘 할지 고민하고 있으면, '어디 놀러 갈 건데, 같이 갈래?' 하면서 챙겨 줬어요. 자연스럽게 놀고 나선 저녁 먹고, 술도 마셨죠. 그렇게 친하게 지내다 보니 잘 맞다고 생각해서, 크게 걱정하진 않았던 것 같아요.

진: 말해준 대로 재미있고, 결이 잘 맞아서 창업까지 할 수 있던 것 같아요. 또 회사에서 같이 근무하다 보니, 서로 일하는 걸 보게 되잖아요. 근데 딱 보니까 일을 잘하더라고요. 이 사람이랑 같이 창업하면 잘될 것 같다 싶었죠.

두 분 모두 술을 좋아하니까 양조장을 차리자고 자연스럽게 이야기가 진행된 건가요?

정: 양조장을 운영할 생각은 없었어요. 처음에 생각했던 건, 주류 판매 소매점과 문화 기획사를 함께 운영하는 거였죠. 그런데 주류 판매 소매점을 하려고 해도, 술을 알아야 하잖아요. 그래서 술을 배우다 보니까, 우리의 술을 만들지 않고는 안 되겠더라고요. 정말 재미있었어요.

진: 맞아요. 원래 양조장 생각이 없었다 보니, 막걸리 학교에서 교육을 받으면서도 한동안은 양조장 할 생각은 없다고 말했었어요. 그러다 마음이 바뀌어서 우리의 술을 만들어야겠다고 생각하고, 양조장을 차려야겠다고 결심했죠. 나중에 찾아보니 강릉엔 지역특산주가 없더라고요. 그래서 우리가 지역특산주까지 되어 보자고 이야기했고요.

앞으로 주류 판매 소매점이나 문화 기획사도 운영할 계획이 있나요?

정: 아니요. 처음엔 주류 판매 소매점이랑 양조장을 같이 운영하다가 지금은 주류 판매 소매점을 정리했어요. 생산량이 늘어나니까 둘이서는 웅대랑 생산, 판매와 발주가 어렵더라고요. 그래도 지역과 연계된 문화 행사는 계속하고 싶어요. 작년에도 몇몇 행사를 기획했었고, 올해도 지역의 식당과 협업해서 지역의 행사를 진행해 볼까 합니다.

양조를 막걸리학교에서 배웠다고 하셨는데, 막걸리학교를 선택한 이유가 있으신가요?

정: 우선 시간대가 잘 맞았어요. 일주일에 한 번만 재택근무를 할 수 있었는데, 가양주연구소는 주 2회 수업이더라고요. 저녁 시간에 수업이 있으면서, 주 1회 수업은 막걸리학교밖에 없었던 것 같아요. 거기에 교장선생님 이력도 마음에 들었고요.

양조를 배우면서 어려웠던 점은 없었나요?

정: 배우면서 어려웠던 건 없는 것 같아요. 사실 창업하고 나서가 어렵죠. 배우는 중에는 하라는 대로만 진행하면 되니까요.

진: 저는 문과라서 그런지, 화학식이 나오면 이해가 잘 안됐어요. 빚는 건 상관없는데, 내부에서 어떤 반응을 통해서 만들어지는지가 좀 어렵더라고요.

창업할 때의 이야기로 넘어가 볼게요. 창업 후에 월급 없는 삶은 어떤가요?

정: 힘들죠. 하루하루 고단해요. 다음 달에는 어떨까 싶어서 불안해요. 회사에서 월급 받다가 창업하면, 1년 동안은 소득이 없다고 생각하면서 창업하잖아요. 그런데 내 생각보다 소득이 없는 시간이 길어지면 무서워져요. 빨리 안정화를 시켜야 하는데 싶어서 조급해지기도 하고요. 회사가 안정화 단계에 들어간 건지, 아직 위험한 단계인지 알 수가 없으니까요.

진: 단순히 소득이 적은 건 감당할 수 있는 것 같아요. 그런데 월급 없는 삶이 제일 무서운 게, 예측이 안 된다는 거예요. 언제 얼마만큼의 돈이 들어온다는 것도 그렇지만, 판매량이 예측 범위 내에 있어야 하는데, 그 범위 밖으로 넘어가면 두려워지죠. 소득이 적은 것보다 계획했던 게 흐트러지는 게 무서운 것 같아요.

양조장을 차린다고 했을 때, 주변의 반응은 어땠나요?

정: 친구들이나 동료들은 많이 응원해 줬어요. 사실 걱정을 안 했죠. 도전하는 모습에 응원을 많이 해 줬던 것 같아요. 가족들이 많이 걱정했죠. 제가 하던 분야가 아니니까. 여자 친구는 긴가민가하다가, 지금은 많이 응원해 줘요.

진: 저는 예전에 창업을 한 적이 있어서 그런지, 첫 창업 때와 다르게 친구들이나 가족들 모두 너무 걱정을 안 했어요. 오히려 무관심해서 서운하더라고요. 다만 창업 시기와 결혼 준비가 겹쳤거든요.
지금 아내가 된 여자 친구한테 양조장을 시작할 거고 그러다 보면 한동안은 힘들어질 수 있다는 걸 이야기했죠. 고맙게도 아내가 괜찮다고 했고요. 노력은 하지만, 사람 마음처럼 사업이 진행되는 게 아니다 보니 미안한 마음이 커요.

양조장의 일과는 어떻게 되나요?

정: 저희는 거의 매일 술을 빚어요. 일주일에 하루를 제외하면 매일 빚는 것 같아요. 거의 내가 효모고, 효모가 나인 수준이죠. 보통 오후 2시까지 술을 빚고 나면, 나머지 시간에 서류 작업하고, 택배 배송하고, 다음날 술 빚을 준비를 하죠. 그러면 퇴근시간이에요.

두 분이 일하는 소규모 양조장인데, 소규모라서 힘든 점은 없나요?

정: 한 명만 더 있으면 좋겠다는 생각을 해요. 딱 3명만 돼도 좋을 것 같아요. 두 명이 같이 일하다가, 한 명이 일이 생겨서 빠지면 갑자기 업무량이 두 배로 늘어나는 거잖아요. 그런데 세 명이면 상대적으로 적게 늘어나니까. 셋이면 좋겠다는 생각이 자주 들어요.

진: 웃긴 게 혼자 일하다 보면, 그래도 둘이 일해서 다행이다 싶어요. 혼자였으면 이 일을 못 했겠구나 싶어서요.

술 이야기로 넘어가 볼게요. 좋아하시는 술 스타일은 어떤 건가요?

정: 계절마다 다른 것 같아요. 겨울에는 백주나 위스키 같은 증류주가 끌리고, 가을에는 와인이나 약청주 같은 맑은 술이 떠올라요. 여름에는 탁주가 마시고 싶고. 봄에는 맥주가 끌리죠. 물론 조금씩 더 선호하는 건 있어요. 가을에 맑은 술이 끌린다고 했잖아요? 그중에서도 가볍고 상쾌한 산미가 있는 술을 좋아해요. 바디감이 무거운 건, 제 입에 잘 안 맞더라고요. 탁주 중에서는 단양주로 빚은 술이 좋고요. 미탄산이 자글자글하게 있으면서, 새콤한 청포도 향이 올라오는 게 마음에 들어요.

진: 저도 비슷하게 계절별로 끌리는 술이 다른 것 같아요. 우리술뿐만 아니라 와인이나 위스키도 많이 마시게 되었고요. 맛으로는 적당한 산미

가 있으면서, 강하지 않게 단맛이 받쳐 주는 술을 좋아해요.

듣다 보니, 좋아하는 술을 만들고 계시네요.

정: 맞아요. 그런데 막상 고객 대상으로 시음을 진행해 보면, 생각보다도 더 많은 사람이 산미가 있는 술을 좋아하지 않는 것 같아요. 산미를 즐길 정도면 여러 종류의 술을 드셔 보신 분들인 건데, 그분들은 술맛을 칭찬해 주고, 잘 만들어진 것 같다고 말씀은 해 주시면서 막상 구매하진 않으시거든요. 아마 경험이 많으시니, '이 정도 맛에 이 가격이면 차라리 다른 무언가를 사겠다'고 생각하시는 것 같아요.

그럼, 대중적으로 선호되는 달고 가벼운 술을 만들 생각은 없나요?

정: 만들어야겠다고 생각하죠. 개발도 하고 있어요. 레시피도 몇 가지 만들어 놓은 게 있는데, 술의 품질을 더 안정시키고, 제작 공정도 효율적으로 개편하고 싶어요. 지금 상태로는 저장공간도 부족하고요. 제일 걸리는 건, 저희가 원래 만들어 오던 술의 정체성이 있는데 저희 술의 정체성과 일치하는지 고민이 돼요.

진: 다 제 자식이라 생각해야죠. 생각이 없진 않지만, 현재 판매 중인 술부터 완벽하게 만든 후에 진행해 보려고 합니다.

잘 만든 술은 무엇이라고 생각하세요?

정: 잘 만든 술이요. 자기가 만든 목적에 부합했는지를 확인해 봐야 할 것 같아요. 내가 계획한 대로 술이 완성되었는가가 중요해요. 기호는 고려 대상이 아니에요. 왜 이 정도의 당도를 설정했는지, 왜 이런 바디감을 설정했는지 이유가 있어야 해요. 아무리 맛있더라도 우연히 만들어진 거면 잘 만든 술이라고 말하긴 어려울 것 같아요. 재연을 다시 할 수 있어야죠.

진: 당과 산의 균형이 맞아야 할 것 같아요. 어느 한쪽으로 치우치지 않고요. 당이나 산 둘 중 어느 쪽이 메인이어도 상관없어요. 중요한 건, 맛 사이의 균형이 잘 맞아야죠.

반대로 못 만든 술은 무엇이라고 생각하세요?

정: 의도하지 않은 맛이 나는 술이요. 원료 처리나 보관이 잘못되었을 때, 느끼한 잡맛이나 잡내가 나는 술이 있어요. 그렇게 기본을 못 지킨 술을 못 만든 술이라고 생각해요.

진: 저는 알코올이 튀는 술이요. 단순히 도수가 높은 술을 말하는 게 아니라, 낮은 도수여도 술이 향기롭게 느껴지지 않고 입에서 알코올이 튀는 술이 있어요. 물과 알코올이 제대로 섞이지 않은 느낌의 술. 그런 술이 못 만든 술이라고 생각합니다.

현실적인 이야기로 넘어가서, 창업 비용은 얼마나 들었나요?

정: 1천만 원씩 갹출했고, 1억 원은 대출받았죠. 거기에 2천만 원은 지원 사업 받은 게 있어서, 총 1억 4천만 원 정도 들었던 것 같아요.

창업 준비 기간은 얼마나 들었나요?

정: 면허 나오기까지 6개월 정도 걸렸어요. 22년 9월부터 준비했고, 다음 해 4월에 면허가 나왔어요. 면허가 나오고 그해 6월에 첫 술이 나왔고요.

면허도 빠르게 나왔고, 첫 술도 빨리 나온 편이네요.

진: 창업 전에 꼼꼼하게 준비도 했고, 서류 작업은 자신이 있었어요. 공간에 대한 부분만 걱정이 돼서 공간 컨설팅을 받았죠.

지금까지 운영하면서 힘든 점이 있다면 어떤 걸까요?

정: 상업 양조에 대해서는 잘 몰랐던 것 같아요. 나름 준비한다고 창업 전에 다른 양조장을 많이 다녔었는데, 아는 게 없으니 보이는 것도 적더라고요. 미리 알았으면 양조장을 구성할 때 더 효율적으로 구성을 할 수

있지 않았을까 싶어요. 비효율적인 부분에서 힘이 많이 들죠.

그리고 양조를 하면서, 계속 쓸 수밖에 없는 신체 부위들이 있잖아요. 손목이나 허리처럼. 그런 곳은 한번 다치면 호전되지가 않더라고요. 아픈 것도 힘들죠.

진: 둘 다 물리치료 받으러 병원을 몇 번씩 갔었어요. 힘쓰는 일도 어렵고. 저희는 기존 방식대로 술을 만들었는데, 술맛이 달라질 때가 있어요. 보통 빚고 나면 한 달 후에 술이 나오거든요. 그랬는데 술맛이 달라지면 재료비도 사라지는 거고, 한 달이라는 시간도 사라지는 거죠. 제 청춘이 날아가는 느낌이에요. 당장 제품을 팔아서 돈을 마련해야 하는데, 막막하기도 하고요.

처음 예상했던 매출과 현재 매출 사이에 간극이 큰가요?

정: 생각보다는 빠른 속도로 근접한 것 같아요. 다만 저희가 작년에 시설 문제가 생기면서, 술을 전부 폐기한 적이 있었거든요. 그 사건만 없었으면 지금 자금 사정이 훨씬 좋았을 것 같아요. 목표치에 근접했다가 많이 후퇴했죠.

창업 전에 내 술이 정말 팔릴 거라고 생각하셨어요?

정: 큰돈을 벌어야겠다는 생각보다는, 재미있는 일을 해 보자는 생각이 컸어요. 사실 돈 생각을 아예 안 했다면 거짓말이겠지만, 월급 받는 친구들보다 조금만 더 벌자는 마음이었죠. 근데 지금 생각해 보니, 조금만 더 벌자는 그 돈이 큰돈이었던 것 같긴 하네요.

진: 사실 팔릴까 하는 생각을 할 겨를이 없었어요. 어떻게 될진 모르겠으니 우선 해 보자는 마음으로 시작해서, 기간에 쫓겨서 공간을 구하고, 서류를 제출하고, 술을 만들다 보니 다른 걱정할 시간이 없었죠. 크게 생각을 못 했던 것 같아요.

창업한다는 사람들에게 현실적으로 조언해 주고 싶은 말이 있다면요?

정: 연구를 많이 했으면 좋겠어요. 술에 대한 연구는 당연하고, 장비에 대해서도 잘 알아야 할 것 같아요. 양조장 견학을 많이 다녀 보세요. 이미 잘 구성된 양조장의 시스템을 살펴보는 게 도움이 많이 될 거예요.

사실 제일 추천해 드리는 건, 짧게라도 양조장에서 근무해 보시는 거예요. 그 후에 견학을 다니면, 아무것도 모르는 채로 견학하는 것보다 훨씬 보이는 게 많을 거예요.

진: 돈이 정말 많은 분이라면 모르겠지만, 아니라면 만들고 싶은 술은

목표로 두되, 캐시카우가 될 수 있는 술을 먼저 만들었으면 좋겠어요. 돈이 되는 일이 생각보다도 훨씬 더 중요해요.

과거로 돌아가서, '이건 미리 알아 둬라'고 알려 주고 싶은 게 있나요?

정: 마니아들의 말을 듣지 말라고 알려 주고 싶어요. 저희가 처음에 시작했을 때랑 비교해서 제일 많이 달라진 부분을 생각해 보면, 마니아들의 피드백을 수용하는 저희의 태도예요. 우스갯소리로 마니아들한테 호평받은 맛으로 내지 말고, 초심자들이 맛있다고 한 맛으로 내야 한다고 이야기하니까요.

진: 강릉에서 양조하시는 다른 대표님들과 만나서 이야기하면, 다른 양조장 분들도 비슷한 이야기를 해요. 마니아들이 말해 준 내용이랑 반대로 술 만들어야 한다고. 반은 농담이지만, 저희끼리 서로 개발 중인 제품 공유하다가, 너무 맛있다는 반응이 나오면 술을 다시 만들어야 하나 고민하기도 해요. 피드백 듣는 건 좋은데, 마니아들의 피드백만 들어서는 안 된다.

마지막으로 창업을 꿈꾸시는 분들께 격려의 한 마디를 해 주신다면?

정: 최근에 쌀농사를 짓는 분들이 많이 힘들어한다고 하세요. 단적으로

1인당 쌀 소비량만 봐도 최근엔 55.6kg밖에 안 돼요. 과거엔 120kg일 때도 있었거든요. 그런데 술을 만드는 덴 쌀이 많이 필요하고, 특히 전통주로 인정받으려면 국내산 쌀을 사용해야 하기에, 술을 만드는 게 농업에 도움을 준다고 생각해요.

그래서 저는 우리술을 만드는 일이 우리나라의 가양주를 지키는 일일 뿐만 아니라, 농업을 지키는 일이고, 더 넓게 보면 쌀 문화권이었던 만큼 문화를 보존하는 일이라고 생각해요. 그러니 정말 좋은 일을 앞두고 계신다고 말씀드리고 싶습니다.

진: 아직 시장의 크기가 작아서 그런 걸 수도 있지만, 우리술 업계가 사람 냄새가 나는 업계라고 생각해요. 누가 잘 되면 정말 다행이라고 서로 축하도 해 주고, 어려운 게 있으면 기꺼이 서로 도와주기도 하고요. 무슨 일을 하던 같이 일하는 사람들이 중요하잖아요.

탁브루

인천광역시 부평구 부개동에서
21년 5월부터 시작한 양조장.

❝

   저는 미움받을 용기를, '자신이 무엇을 원하는지 확실히 아는 능력'이라고 표현하고 싶습니다. 대부분의 사람은 원하는 것을 두루뭉술하게 추구합니다. 확실하게 무언가를 얻으려고 하기보다는, 최대한 손실을 덜 보려는 방식을 선호하죠. 좋은 게 좋은 거고, 둥글게 둥글게, 융통성 있게 하자는 말을 수도 없이 듣습니다. 그러나 아주 드물게 자신이 원하는 걸 분명하고 세밀하게 요구하는 사람들이 있습니다.

   누구나 인정받고 칭찬받기를 원할 겁니다. 창업자라면 더더욱 그럴 거고요. 고객의 찡그림 한 번에 마음이 흔들리기 마련이고, 부정적 의견 한 번에 남의 눈치를 본 제품을 만들까 고민하겠죠. 그러나 탁브루의 서기준 대표는 조금 달라 보였습니다. 보통 사람이라면 안전한 길을 찾거나 다른 선택지를 고를 것 같은 순간에도 자기를 믿고 흔들림 없이 실천하는 '미움받을 용기'가 있는 사람이었습니다.

   탁브루의 대표 술, 탁100 내추럴을 시음시키면, 재미있게도 반응이 나뉩니다. 정말 맛있다며 좋아하거나, 본인 스타일이 아니라고 말하죠. 하지만 단순히 다른 사람들의 평가가 갈리기 때문에, 그를 '미움받을 용기'가 있다고 표현하는 건 아닙니다. 월세를 아껴야겠다고 생각해서, 엘리베이터 없는 건물에 4층을 사무실로 사용하는 사람이 얼마나 되겠어요. 원하는 걸 위해, 무언가를 확실하게 포기할 수 있는 사람이구나. 그를 만나기 위해 계단을 올라가며 이런저런 생각을 했습니다.

   높은 자리가 선택하고 책임을 지는 자리라고 했던가요. 역대 인터뷰 중에서 제일 높은 곳에서 진행되었던 인터뷰여서인지 선택과 책임에 대한 생각을 유독 많이 할 수 있었던 인터뷰였습니다.

양조장 창업 전엔 어떤 일을 하셨나요?

  2014 인천 아시안게임 기간 중, 인천에서 시행하는 전국 전통주 시음 행사에 스태프로 참여할 기회가 생겼어요. 그때 정말 맛있게 마셨던 술이 있어서, 그 술이 나오는 양조장에서 일을 시작했죠. 처음에 양조장에서 일하고 싶다고 요청드릴 때는 작은 업체다 보니 사람 뽑을 생각이 없다고 하시더라고요. 한동안 부탁드리다가 돈을 안 주셔도 된다. 돈을 내고서라도 배우겠다고 하니 그건 아닌 것 같고 우선 출근해 보라고 하시더라고요. 그렇게 양조장에서는 6개월 정도 근무했어요. 근무하면서 술에 대해서 더 배우고 싶어서 교육도 받았고요.

  술을 어떻게 만들어야 하는지는 배웠는데, 술을 어떻게 팔아야 하는지는 모르겠더라고요. 그래서 우리술 업계에 종사하시는 분들 중에, 당시에 유명했던 몇 분께 무작정 연락을 드렸죠. 궁금한 점이 있으니 개인적으로 만나 뵙고 싶다고요. 다들 흔쾌히 허락해 주신 것 같아요. 그런데 딱 한 분만 연락을 받지 않으시더라고요. 그분이 '월향'의 이여영 대표님이었는데, 꼭 만나 뵙고 싶어서 월향에 입사까지 하게 됐어요.

  처음엔 홀서빙으로 입사했다가, 이후에 양조까지 기회를 주셔서 17년부터 20년 3월까지 월향에서 하우스 막걸리를 만들었어요. 정말 재밌게 일했고, 열심히 일했던 기간이었어요.

하시던 일도 우리술 분야였는데, 원래 전공이 양조와 관련된 학과였나요?

아뇨. 전공은 조경학과였어요. 군대에 있을 때 양조를 처음 생각했던 것 같아요. 전역 후엔 무엇을 할지 고민하다가, 이것저것 적어 봤는데 술 이야기가 정말 많은 거예요. 그래서 술과 관련된 일을 해 보자고 생각했죠.

처음엔 맥주를 배우려고 했었는데, 독일 유학을 알아보니 제일 저렴하고, 가볍게 준비해도 1억 원 이상의 금액에, 9년이라는 시간이 필요한 거예요. 곰곰이 생각해 보니 어린 나이에 투자하기에는 과한 비용이라고 생각했어요. 결론을 내리고 환기도 할 겸, 전국의 막걸리 여행부터 다녀 보자고 생각했어요.

그런데 그때는 지금보다 정보가 더 없었어요. 겨우 우리술 유통하는 회사를 한 군데 찾아서 방문했죠. 막걸리 다섯 병을 사서 나오는데, 어떤 분이 저를 보고는 잠깐 들어와서 이야기를 나누자고 하시는 거예요. 앉아서 자초지종을 설명드리니 기특하다고 하시면서 술을 몇 병 더 챙겨 주셨어요. 이후에도 인연을 이어 가다가 인천 아시안게임 기간에 우리술을 홍보하는데, 스태프로 일할 생각이 있는지 물어봐 주셨고, 그렇게 처음으로 우리술 분야에서 일했었죠.

전 직장에서 퇴사하신 건, 본인의 양조장을 차리고 싶어서 나오신 건가요?

아뇨. 월향에서 근무할 때, 좋은 성과를 만들어 내면서 그런 생각이 문득 들었죠. '내 삶이 이렇게 순탄하게 흘러갈 리가 없다'라고요. 아니나 다를까 순항 중이던 회사가 여러 구설수에 오르면서 순식간에 망했어요.

월향 소속으로 있으면서 그런 생각도 했던 것 같아요. 내가 정말 술을 잘 만들어서 술이 잘 팔리는 걸까? 스스로한테 물었을 때, 대답은 '아니다'였죠. 대표가 사업체를 잘 운영해서, 가게가 잘 알려지다 보니 내가 만든 술까지 인정받는 거지, 내 양조 실력이 훌륭해서 잘 팔리는 건 아니라고 자기 객관화를 철저히 했어요. 양조장은 절대 하지 말자고 생각했고요.

그럼, 퇴사 후 양조장 말고 다른 일을 하셨던 건가요?

제가 '어떻게 팔 것인가'에 대한 고민이 많았다고 말씀드렸잖아요. 그래서 자연스럽게 플랫폼으로 관심이 갔던 것 같아요. 처음 시작했던 사업은 '온더탁'이라고 우리술 공동구매 플랫폼이었어요.

제 취미 중 하나가 보디빌딩인데, 보디빌딩하다 보면 닭가슴살이나 고구마를 자주 먹어요. 어느 날 공동구매 플랫폼에서 고구마를 사다가 '우리술도 공동구매로 사면 훨씬 저렴해지지 않을까?' 하는 생각을 했어요. 그렇게 온더탁을 시작했죠.

얼음에 녹여 가며 마실 수 있는 원주 중심으로 큐레이션 해서 운영했었어요. 생각보다 반응이 좋더라고요.

지금도 양조장과 같이 운영하고 계신가요?

지금은 중단했어요. 여러 이유가 있지만, 큐레이션 할 수 있는 범위가 좁다는 것도 한몫했던 것 같아요. 얼음에 타서 마실 수 있는, 도수 높은 원주를 타깃으로 삼았는데 그 당시엔 소비자한테 자신 있게 큐레이션 할 수 있는 제품이 한정적이더라고요.

그리고 그때쯤 월향과의 관계가 완전히 끝났어요. 남들이 뭐라고 할 수 있지만, 제가 옆에서 본 이여영 대표는 쉽게 무너지지 않을 사람 같았거든요. 그래서 저도 버텨 봤는데, 더 이상 못 버틸 상황이 되어서 실업급여를 받게 되었죠.

실업급여를 받으면 아시겠지만, 사업자를 가진 채로는 수령할 수가 없어요. 그래서 온더탁도 폐업하게 되었죠. 양조장이 조금 더 안정되면, 언젠가 다시 하고 싶은데 고민이 돼요. 어떤 사업이든 트렌드나 흐름이 중요하겠지만, 특히 플랫폼 사업은 더욱 중요하잖아요. 그때도 공동구매가 사람들이 관심을 가질 주제일까를 고민해 보면, 그때 가서 좀 더 생각해 봐야 할 것 같아요.

어쩌다 양조장 창업을 하신 거예요?

그러게요. 양조장만은 하지 말자고 생각했는데. 그래도 생각해 보면 주류 업계에서 일하면서, 술이 생각보다 훨씬 매력 있는 일이라고 느꼈어요. 제가 알던 세상보다 훨씬 더 넓고 방대했고, 일하는 동안 정말 재미있었어요. 그래서 술과 관련된 일을 선택했던 것 같아요.

술과 관련된 일을 한다면 사업적인 고점은 무엇이 제일 높을지 고민했었죠. 세계적인 소믈리에가 되는 것과, 대한민국에서 손꼽히는 주점의 대표가 되는 것, 그리고 잘 나가는 주점에 술을 공급하는 양조장의 대표가 되는 것 세 가지 중에서 본질적으로 제조업의 대표가 되는 게 고점이 제일 높다고 판단했던 것 같아요.

양조에 관한 건, 거의 현업에서 배우신 거네요?

그렇죠. 그런데 양조장에서 근무하면서 가양주연구소에서도 교육받았었어요. 양조장에 들어가면 다양하게 술 빚는 법을 배울 수 있을 거로 생각했는데, 상업 양조는 매일 비슷한 일의 반복이더라고요. 오히려 가양주연구소에서 교육받으면서, 다양한 술을 알 수 있어서 좋았어요.

양조를 배우면서 힘들었던 점은요?

출퇴근 시간에 버스라도 한 대 놓치면 2시간이 넘게 걸렸어요. 왕복해서 4시간 반이 걸린 날도 있었죠. 최대한 생산적인 일을 하면서 보내려고 노력했지만, 너무 긴 시간이어서 통근도 힘들었고, 아까 말씀드렸던 대로 계속 비슷한 일을 해야 하는 게 제일 힘들었던 것 같아요. 그나마 교육기관은 좀 더 다양한 술을 가르쳐 주었지만, 결국 준비된 재료와 장비를 사용해 정해진 방법대로만 술을 만들잖아요.

오히려 교육을 받고, 스스로 양조를 하고 나서는 힘들다고 생각한 일은 없었어요. 물론 몸 쓰는 일이니까 너무 힘들죠. 그런데 당연히 힘든 거고, 어쩔 수 없는 일이니 제외하면, 혼자 자유롭게 할 땐 힘든 줄도 몰랐던 것 같아요.

창업 후, 월급 없는 삶은 어떤가요?

양조장 창업 초반에는 과거에 갇혀서 살았던 것 같아요. 굉장히 미련한 삶이었죠. 앞으로 어떻게 운영할지를 고민해야 했는데, 과거를 생각하면서 아쉬워했던 것 같아요.

어떻게 벗어나셨나요?

다행히도 월향에서 같이 일하셨던 분들이 알음알음 일을 맡겨 주셨어요. 이미 오랫동안 같이 일했던 분들이라, 따지지도 않고 믿어 주셨죠. 우리 주점만의 술을 만들어 달라고 하셔서 매출이 비교적 일찍 발생했어요. 남들이 처음 술을 내고, 자기 술을 알려야 하는 기간에, 저는 바로 판매부터 할 수 있었죠. 술을 만들고 매출이 생기면서 벗어날 수 있었던 것 같아요.

양조장에서 근무도 하셨고, 도와주는 분들도 있으니 창업한다고 할 때 주변 반응이 꽤 호의적이었을 것 같아요.

처음 술을 배운다고 할 때랑 비슷했던 것 같아요. 주변에 양조장 하는 사람이 얼마나 있겠어요. 술을 그렇게 좋아하더니, 결국 양조장을 하네 신기하다 정도의 반응이었죠. 오히려 창업할 때는 일한다고 할 때보다 반응들이 덤덤했던 게, 술을 만들었던 기간도 워낙 길었다 보니 라벨에 제 이름이 적힌 술이 꽤 있을 때였어요. '이제야 네 술을 제대로 만드는구나' 같은 반응이 전부였고요.

가족들의 반응도 비슷했나요?

양조장을 차린다고 할 때, 어머니가 걱정을 많이 하셨어요. 아버지도 사업을 하시거든요. 사업이 잘될 땐 당연히 좋지만, 사업이 잘 안될 때는 얼마나 힘든 시기를 보내는지 옆에서 보셨기에 더 걱정하셨었죠. 다른 곳에 취업하는 건 어떻겠냐고도 물어보셨고요. 그래도 지금은 응원해 주시고 좋아하세요.

아버지는 좋아하시기도 하면서, 조언을 많이 해 주셨죠. 고민도 많이 하고, 공부도 많이 해야 한다고 조언해 주셨어요. 그때는 경험이 없어서인지 무슨 말씀을 하시는 건지 잘 몰랐죠.

그러고 보니 이른 나이에 창업하셨네요.

맞아요. 만약에 망할 거라면 결혼하기 전에 망하자는 마음가짐이 컸어요. 어떻게 첫 사업에 바로 승승장구하겠어요. 분명히 힘든 시기가 오고, 폐업까지 고려할 때가 오겠죠. 어쩌면 폐업할 수도 있고요.

만약 지금 폐업한다면 부모님은 두 분이 사실 거고, 저만 조금 배곯으면 되겠지만, 결혼 후엔 책임질 사람들이 생기는 거잖아요. 그건 제가 못 보겠더라고요. 망해도 빨리 망하자는 생각으로 빨리 창업하게 됐습니다.

양조장의 하루 루틴은 어떻게 되나요?

사무 업무랑 택배 작업하면서 하루를 보내요. 술 빚는 건 보통 저녁에 진행하는데, 업무 시간에는 문의 전화도 오고, 사무 작업을 해야 할 때가 있잖아요. 저는 술 빚을 때 손에 다른 걸 묻히는 게 싫더라고요. 위생적이지 못한 것 같아서요. 그러다 보니 늦은 오후에 양조를 시작해서, 자정 전후로 퇴근하는 편이에요.

지금 혼자 양조하시는데, 소규모 양조장이어서 힘든 점이 있다면요?

모든 과정을 혼자 하는 건 아니고, 생산 외에 디자인이나 마케팅은 같이 일하는 동료들이 있어요. 혼자 양조한다고 해서 특별히 더 힘든 건 없는 것 같아요. 양조장 업무 자체가 힘든 편인 거지, 혼자여서 특별히 힘든 점은 없습니다.

술 이야기로 넘어가 볼게요. 좋아하는 술은 어떤 건가요?

술을 사서 마실 때도 그렇고, 제가 만들 때도 그렇고 산미를 중요하게 생각해요. 산미가 살아 있어야, 발효주도 살아 있다고 생각해서요. 무거운 질감보다는 가벼운 질감을 좋아하고, 산미 중에서도, 혀를 자극하는 산미를 선호합니다. 내추럴 와인이 호불호가 많이 갈리잖아요? 저는 개성 있는 산미라고 생각해서, 내추럴 와인 좋아해요.

그럼, 지금 대표 제품이 좋아하는 스타일과 비슷하신 것 같은데, 대중적으로 선호하는 술을 만들 생각은 없나요?

있었죠. 제품으로 출시하기도 했어요. '탁 132'가 그런 스타일이었죠. 약간 단맛도 있고, 소량의 산미도 있으면서, 편하게 마시기 좋은 술. 그런데 막상 판매량을 비교해 보니, 인기가 적은 수준이 아니라, 훨씬 안 팔리더라고요. 왜 그런지 생각해 봤죠.

예전에야 맛없는 술이 많아서, 대중적으로 맛있는 술이 나오면 바로 잘 팔렸어요. 근데 코로나 시기를 지나면서, 술맛이 많이 상향 평준화되었고, 요즘엔 대부분의 술이 다 맛있어요. 이제는 단순히 '맛있다'고 말할 정도면 살 이유가 없어진 거죠. 더는 단순히 맛있기만 하면 안 되는 것 같아요. 왜 이 술을 마셔야 하는지 이유가 명확해야 인기가 있겠더라고요.

맛을 따라가는 것보다, 사람들한테 왜 이 술을 마셔야 하는지 이유를 만들어 주는 게 더 중요하다는 말씀인 거죠?

맞아요. 우리술 상세 페이지를 보면 전부 비슷해요. 지역의 좋은 쌀과 재료를 사용했다. 깨끗한 물로 만들었다. 정성을 들여 힘들게 만들었다. 이 내용이 전부예요. 적어 놓은 지점들이 틀렸다는 게 아니라, 소비자 입장에서 소비해야 할 이유가 맞는지 물어봐야 한다는 거죠. 전부 다 똑같은 지점으로 차별화를 두면, 그게 정말 차별화가 맞을까요? 솔직히 제 제품도 비슷했다고 생각해요.

　신제품에서는 사야 할 이유를 만들려고 노력했죠. 우선 타깃을 명확하게 잡았고, 정확한 숫자로 차별화를 만들었어요. 이번에 나온 단백질 술은, 술이라기보다는 단백질 음료라고 생각해요. 술 마시는 사람들이 '와 이거 단백질 들어간 건강한 술이래. 이거 마셔 볼까?' 이렇게 생각하진 않을 거예요. 그런데 반대로 운동하는 사람이 '아, 술은 마시고 싶은데 조금이라도 도움이 되는 술은 없을까?'라고 물었을 때, 마실 수 있는 음료로 포지션을 잡았죠.

　상세 페이지를 만들 때도, 운동하면서 마실 수 있는 술임을 강조했어요. 병에 들어있는 단백질량을 숫자로 표기해서, 정확하게 알 수 있도록 했고요.

누구한테, 어떻게 팔아야 하는지 고민을 많이 하신 것 같아요.

　그렇죠. 저는 소비자가 구매하는 술, 많이 찾는 술이 좋은 술이라고 생각해요. 내가 제품을 먼저 만들고 판매하려고 하면 소비자를 강제로 붙잡고 설득해야 하거든요. 반대로 어떤 소비자한테 어떻게 팔지 먼저 생각하고 만들면, 소비자는 자연스럽게 납득하고요. 그땐 판매할 수 있죠. 제품을 만들기 전에 누구한테, 어떻게 팔 것인지부터 고려해야 한다고 생각해요.

제조자만 아는 좋은 점을 가진 술은 의미가 없어요. 소비자가 좋은 점을 발견해 주고 돈을 주고 찾는 술이어야 의미 있고 좋은 술이겠죠.

팔리는 술 외에도 좋은 술이 될 수 있는 기준이 있을까요?

무조건 시간이죠. 술은 시간이 주는 가치가 정말 큰 상품이라고 생각해요. 숙성에 대한 이야기이기도 하고, 역사와 문화에 대한 이야기이기도 해요. 우리술이 세계에서 힘이 약한 것도 맛이 없어서라기보다, 시간과 문화가 부족해서라고 생각하거든요. 위스키나 와인, 맛있고 훌륭한 술이지만 맛만으로 그 가격을 받을 수 있을까요? 역사와 문화가 주는 가치도 가격에 영향을 미친다고 생각해요.

다만 역사와 문화는 한순간에 쌓을 수 있는 게 아니니, 긴 시간을 버텨야 하고, 어떻게 버틸지를 생각해 보면 다시 판매에 대한 질문으로 돌아가는 거죠.

돈 이야기가 나온 김에, 현실적인 이야기로 넘어갈게요. 창업 비용은 얼마나 드셨어요?

지금 이 공간이 4층에 60평 정도인데, 초기 비용은 장비까지 해서 1억 원 미만이었죠.

공간이 엘리베이터 없는 4층이라 가능했던 금액일까요?

네. 창업할 때도 부동산 비용 때문에 망하지는 말자고 생각했어요. 월세 못 내서 망하면 안 되잖아요. 다행히 윈치(무거운 중량물을 끌어 올리는 기계 장치)가 있어서, 짐을 내릴 땐 윈치를 사용해요.

만약 1층으로 내려갔다면, 지금보다 월세가 4배는 비싸지 않았을까 싶어요.

창업 비용은 어떻게 마련하신 거예요?

당연히 사비를 어느 정도 사용했고, 중소벤처기업진흥공단에서 청년창업 대출을 받았어요. 이후에는 잘 풀려서 23, 24년도에 지원 사업도 받았고요.

창업 준비 기간은 어느 정도 걸렸나요?

사업자를 먼저 등록하고, 제조 면허는 5개월 후에 발급됐어요. 그때는 빠르게 낸 편이라 생각했는데, 요즘엔 더 빠르게도 나오는 것 같아요.

기존에 월향에서 쌓아 두었던 양조 자료도 있었고, 서류 작업도 미리 해 오던 터라 수월하게 진행했습니다.

그래도 양조장을 운영하는 건 다른 문제일 것 같은데, 지금까지 운영하면서 힘든 점은 없었나요?

매출에 대한 압박이요. 계속 성장해야 한다는 압박이 있어요. 떨어지면 떨어지는 대로 당연히 힘들고, 올라도 '더 큰 폭으로 성장해야 하는데' 같은 압박감이 들어요.

처음 예상하셨던 매출이랑 지금 매출이랑 차이가 큰가요?

안 좋은 쪽으로 차이가 크죠. 우선, 최소한 3년은 매출이 적을 수도 있겠다고 생각하기도 했어요. 또 판매에 대한 것뿐만 아니라 대처방안을 마련하지 못한 게 있었어요. 설비에 대한 감가상각을 인지하곤 있었는데, 대응책을 고려하지 못했더라고요. 양조장의 본질은 제조업이거든요. 설비의 감가상각이 제품의 단가나 전체적인 운영에 많은 영향을 미치는데 너무 안일하게 생각했던 거죠.

그럼, 대표님의 술이 처음부터 팔릴 거로 생각하셨던 거예요?

처음부터 잘 팔릴 거라고 기대하진 않았어요. 특히 메인 제품인 '탁100 내추럴'은 아예 안 팔릴 수도 있겠다고 생각했어요. 너무 호불호도 갈리고, 가격대도 높다고 생각했거든요. 안 팔려도 좋으니 계속해서 투자해 보자고 생각했죠. 아까 시간이 중요하다고 말씀드렸잖아요. 안 팔리더라도 시간을 쌓자고 생각했는데, 제일 잘 팔리는 거예요. 그때 제조자로서의 마음과 소비자로서의 마음을 구분해야겠다고 느꼈어요. 입장 차이가 있더라고요.

양조장 창업을 꿈꾸는 분들께 현실적으로 조언해 주고 싶은 말이 있다면요?

세 가지가 있는데요. 첫 번째는 술을 만들기 전에 누구한테, 어떻게 팔지 고민해야 해요. 최소한 만들면서는 고민하셔야지 만들고 고민하면 늦어요. 가격 고민도 많이 하셔야 합니다. 그냥 '내 제품이랑 맛이 비슷한 제품들이 얼마 정도이니, 평균보다 조금 더 높게 설정해야겠다'고 생각하시는 분들이 있는데, 정말 철저하게 가격 분석부터 하셔야 한다고 말씀드리고 싶고요.

두 번째로는 너무 좁게 보지 말라는 말씀을 드리고 싶어요. 오랫동안 업계에 계셨던 분들의 시선도 중요하겠지만, 다른 업계에서 넘어오신 분들이 새롭게 제시하는 시선도 분명 필요하거든요. 다른 시각에서 바라볼 수 있는 능력이 중요합니다.

마지막으로 내 상품을 소비하는 소비자 중에서 지인의 역할은 매우 한정적이라는 걸 기억해 두시면 좋을 것 같아요. 지인이 친분으로 구매해 주는 건 분명 한계가 있어요. 처음에 잠깐 도와주긴 하겠지만, 결국 한정적이에요. 지속적으로 구매하게 하려면 지인으로 친분에 기대는 게 아니라, 소비자로서 만족시켜야 한다고 말씀드리고 싶어요.

과거의 나에게 돌아가서, 조언을 해 줄 수 있다면 어떤 조언을 해 주실 건가요?

말씀드렸던 내용이랑 비슷하게 매출에 대한 이야기예요. 마케팅이나 브랜딩이라는 용어를 어느 정도는 상술의 일부라고 생각했어요. 그런데 그게 상술이건 아니건 간에 중요성 정도는 인지해야 했었죠. 너무 안일하게 맛있는 술을 만들면 팔릴 거라는 생각만 하지 말라고 이야기하고 싶고요.

정량적 가치에 대해서도 고민을 더 해 보라고 말해 주고 싶어요. 소비자 입장에서 느낄 수 있는 실질적인 이득은 무엇일까, 고민하고 제대로 전달해 줄 수 있어야 한다고 말해 주고 싶네요.

마지막으로 감가상각에 대한 이야기도 더 해 주고 싶어요. 양조장도 결국 제조업이잖아요. 원재료비나 월세, 포장비, 기타 경비 제외하고 돈이 남았다고 정말 남는 게 아니에요. 설비의 감가상각도 생각해야 한다고 이야기해 주고 싶어요.

마지막으로, 양조장 창업을 꿈꾸는 분들께 격려의 한 마디를 해 주신다면?

격려요. 거울 보고 스스로 격려해도 부족할 것 같은데. 좀 어렵네요.

1년 전쯤, 우리술 콘텐츠 플랫폼 대표님과 자주 뵈었는데, 그분은 이미 우리술과는 전혀 관계없는 업종으로 두 번이나 엑싯을 경험하신 분이었어요. 완전히 다른 두 분야에서 엑싯 경험을 하셨다는 건, 돈의 흐름을 볼 줄 안다는 거잖아요. 그런 유능한 분이 우리술 업계에 투자해서 진입했다는 게, 우리술 업계에도 기회가 오는 게 아닐까 하는 생각을 했어요.

우여곡절이 있어서 결국 함께하진 못했지만, BGF 리테일의 CU나 홈플러스의 대형기업에서 탁브루에 먼저 손을 뻗어 주시기도 했어요. 작은 양조장이어도 가능성을 볼 수 있다고 생각해요.

여러 방면으로 고민하면 가능성이 존재하는 시장이라고 생각합니다. 능력이 있다면, 충분한 가능성이 존재한다고 생각해요.

달성주조

대구광역시 달성군 논공읍에서
22년 7월부터 시작한 양조장.

❝

　소설 속에 등장하는 인물은 입체적 인물과 평면적 인물로 구분 짓습니다. 전형적 인물은 한 작품 내에서 성격이 변하지 않는 인물을 뜻합니다. 그런 인물은 큰 궁금증을 자아내지 않습니다. 예상을 빗나가지 않으니까요. 그에 비해 입체적 인물은 작품 속에서 다양한 모습을 보여 줍니다. 자연스럽게 독자의 궁금증을 끌죠. 어디 그뿐일까요? 새로운 기쁨을 주기도 하고, 절절한 고통을 주기도 합니다. 한마디로 정리하면 계속해서 궁금증을 자아내는 인물이라고 말할 수 있을 것 같습니다.

　어디 소설에서만 그럴까요? 현실에서도 입체적 인물과 평면적 인물은 존재한다고 생각합니다. 예시로 들 수 있는 여러 사람이 있지만 입체적 인물 중 하나로, 달성주조의 석창호 대표님을 뽑고 싶습니다. 제품을 보면서 추측할 땐 굉장히 섬세한 사람일 거라 예상했지만 처음 마주하고는 굉장히 강건한 사람처럼 보였습니다. 역시나 말이나 행동을 보면서 결단력 있고 추진력 있는 사람이라고 생각했다가도, 향이 좋은 커피를 내려주는 모습을 보면서 다정한 사람일 수 있겠다고 생각이 바뀌더군요.

　그와 인터뷰를 진행했던 달성주조 양조장의 첫 모습도 그랬습니다. 굳게 닫힌 철문과 '양조장'이라고 커다랗게 쓰인 글씨를 보며 전형적인 '옛날 양조장'이 떠올랐다가도, 건물을 지나 정원을 마주하면 잘 정돈된 '트렌디한 카페'가 떠올랐습니다. 한쪽 면을 채운 인테리어 소품들, 만개한 벚나무, 어디선가 은은하게 들려오는 클래식까지. 머릿속에서 회전문이 돌듯, 평가가 시시각각 바뀌더군요.

99

다양한 경험을 겪어서일까요? 정말 깊은 사람이라고 생각했습니다. 그러니 다면적인 모습을 보여 줄 수 있던 거겠죠. 저의 밋밋함을 되돌아볼 수 있던 인터뷰였습니다.

창업 전에 어떤 일을 하셨는지, 말씀 부탁드립니다.

    참치를 주력으로 하는 수산물 유통업을 했습니다. 아버지께서 참치 횟집을 운영하시다가, 유통업으로 확장하신 걸 제가 이어받았던 거죠. 이후에 아버지도 횟집을 정리하시고 유통업에 전념하시면서 참치뿐만 아니라 종합적으로 수산물을 취급했고요.
    기간으로 따지면 군대 전역 후, 사업을 하고 싶어서 아버지 회사에서 본격적으로 일했습니다. 08년부터 13년 근무했네요.

수산물 유통 사업을 그만두게 된 계기가 있을까요?

    특별한 계기가 있던 건 아니었던 것 같습니다. 대부분이 일이 그렇겠지만, 저와 잘 맞는 일이 아니었던 것 같아요. 그만두기 전에도 다른 일을 많이 고민했었습니다.

다른 일이라고 하시면 어떤 분야일까요?

    수산물과 관련된 일을 했다 보니 귀어를 생각했습니다. 전라남도 진도에 가서 해삼 양식도 공부했었어요. 그 외에 외식업도 운영해 보고, 부동산 경매도 공부해 봤습니다.
    정말 진지하게 고민했던 건 문화예술 분야입니다. 지금도 취미생활로는 계속 즐기고 있어요. 선택하지 않은 이유는, 문화 예술 분야의 공부를 해서 대학을 다시 졸업한다고 해도 한계가 명확해 보이더라고요. 아마추어 극단을 운영할 때를 떠올리면, 기대했던 것과는 다르기도 했고요.

그럼 주류를 만들어야겠다고 생각한 이유가 있을까요?

생활 가까이에 있는 것들에 관심이 많아요. 먹는 건 매일 먹잖아요. 기왕 먹는 거 재미있고 깊게 즐겨 보자고 생각하다 보니 자연스럽게 술에도 관심이 갔습니다. 특히 와인을 오래 즐겼습니다. 이것저것 마셔도 보고, 시음회나 행사가 있으면 참석도 하면서 계속 경험을 쌓았죠. 그래서 처음 생각했던 건 와이너리였어요.

친구가 청송에서 사과 농사를 짓고 있어서, 사과를 활용해서 와인을 만들어야겠다고 생각했었죠. 해외의 경우지만 관광 상품으로 와이너리 투어가 있잖아요. 작더라도 예쁜 와이너리를 만들어서 운영해 보고 싶었습니다.

지금은 와인이 아니라 탁주를 만들고 계신데, 계기가 있었나요?

탁주를 배우게 된 계기와 만들게 된 계기로 나눠서 말씀드려야 할 것 같습니다. 먼저 배우게 된 계기부터 말씀드리면, 나름대로 술을 즐기고 소비했지만, 술을 만들려고 생각하니 제조에 대해서는 아는 게 없더라고요. 소비자와 생산자는 다르잖아요. 우선 검색부터 했죠. 검색하다 보니 가양주연구소의 수업이 보이더라고요. 커리큘럼을 보니까 들어 보고 싶어서 수업을 듣게 되었습니다.

    서울로 올라와서 수업을 듣는 김에 들을 수 있는 건 전부 들어 보면 좋겠더라고요. 우선 가양주연구소의 전통주 소믈리에 과정도 들었고, 증류주 제조 마스터 과정도 수료했죠. 주말이면 광명의 한국양조연구소 수업을 들었고요. 이후에 서울벤처대학원대학교에서 탁약주 전문가 과정도 들었습니다.

그럼, 탁주를 만들게 된 계기는요?

    교육이 끝나고, 성수동의 막 시작한 양조장에서 일할 기회를 얻었습니다. 그 양조장에서 1년 넘게 근무하면서 실무 경험을 쌓았죠. 그때의 경험을 바탕으로 지금의 양조장을 차리게 되었습니다.

    교육도 들었겠다, 실무도 해 봤겠다, 이제 내 양조장만 차리면 되겠다고 생각했는데, 막상 독립하려고 보니 고민되더군요. 부지를 구매하고도 양조장을 운영하는 게 맞는지 고민했습니다.

고민하신 이유가 어떤 걸까요?

    다른 상품들과의 차별화 포인트를 가질 수 있을까 고민되었습니다. 우후죽순처럼 새로운 양조장이 생기는데, 그들과 비교했을 때 특별한 차이점을 가질 수 있을까 고민했죠.

어떤 종류의 술을 만들까도 고민했던 내용이고요. 탁주를 만들지, 리큐르를 만들지 고민했어요. 결국 탁주로 결정하게 된 게, 대구에 탁주 지역특산주는 없더라고요. 의아하잖아요. 이 큰 도시에 아직도 없다는 게. 그래도 1호 지역특산주 탁주면 의미가 있겠다 싶어서 탁주로 시작하게 된 거죠.

이전에도 사업을 하셨다 보니 월급이나 돈에 대한 고민은 하지 않으셨을 것 같아요.

오히려 걱정을 많이 했죠. 수산물 유통업을 그만두고, 5년 동안은 돈을 쓰기만 했어요. 그러다 보니 모아 뒀던 돈을 다 사용해서 돈 고민을 안 할 수가 없었어요. 양조장을 차리자마자 돈을 버는 게 아니잖아요. 이익이 나기 시작한 지는 얼마 안 됐습니다. 그런데도 이런 선택을 할 수 있었던 가장 큰 이유를 생각해 보면 아직 결혼하기 전이어서인 것 같아요.

양조장을 한다고 하니 주변 반응은 어떻던가요?

다들 응원해 줬죠. 특히 부모님이 지지를 많이 해 주셨어요. 멀리 계시지만, 한 번씩 놀러 오시기도 하고요.

양조장 운영에 대한 이야기로 넘어갈까 하는데요. 양조장의 일은 어떻게 진행될까요?

술은 한 달에 많이 빚으면 두 번 빚고, 보통은 한 번 빚는 것 같습니다. 매일 진행하는 업무는 크게 없어요. 택배 보내는 일이랑 사무 업무 정도입니다. 1~2주에 한 번씩 병입 작업하고 있고요.

지금 혼자 일하시는데, 힘든 점은 없나요?

혼자 일해서 힘들다기보단, 현실과 타협하는 게 힘들죠. 모순된 말처럼 들릴 수 있는데 양조장은 혼자 할 수 있어야 하지만 작게 해서는 안 된다고 생각합니다. 그러려면 효율적인 동선 구성과 좋은 장비가 있어야 가능하고요. 보통 좋은 장비는 비싸다 보니 지금보다 효율적으로 일할 수 있는 걸 알면서도 비용 문제 때문에 개선하지 못하는 게 힘듭니다. 몸을 더 쓰는 방식으로 해결하다 보니 물리적으로 힘들기도 하고요. 만약 제가 바라는 방식으로 설계했으면, 돈은 더 들었겠지만 훨씬 효율적이었겠죠.

맛 이야기로 넘어가 볼게요. 대표님이 좋아하는 술 스타일은 어떤 건가요?

진한 피노 누아 좋아합니다. 정말 비싼데, 향이 정말 팡팡 터지는 술이라서 좋아합니다. 화이트는 프랑스 샤르도네 좋아하고요.

그리고 디저트 와인도 꽤 즐겼습니다. 독일의 리슬링 중에 트로켄베렌아우스레제(TBA) 등급의 와인을 제일 좋아해요. 많이 마시기도 하고요. 저희 술 포그막의 영감도 리슬링 와인에서 시작했어요.

아까 말씀하신 와인과 비슷한 맛으로 만드신 건가요?

아뇨. TBA가 아니라 아이스바인에서 영감을 받아 만들었습니다. 디저트 와인처럼 디저트 막걸리를 만들려 했죠.

시중에 나온 비슷한 맛의 탁주는 산도조절제로 산미를 조정하더라고요. 저는 산도조절제를 사용하는 게 싫어서 다른 방법을 고민했습니다. 이것저것 시도해 보다가 샤워 맥주를 만들 때 사용하는 효모를 사용해 봤는데, 원하던 맛에 가깝더라고요.

다만 샤워 맥주용 효모가 알코올 내성이 약해서, 도수가 높게 만들어지지 않아요. 도수가 낮으면 문제가 되는 게, 여름에 후발효 문제가 생기더라고요. 그래서 당도를 높였습니다. 당도가 높으면 후발효가 덜 일어나거든요.

최근의 우리술 트렌드가 부재료인 것 같은데, 부재료가 들어간 술은 아예 생각하지 않으신 걸까요?

처음엔 부재료를 정말 많이 준비했습니다. 양조장을 시작할 때만 해도, 부재료를 사용하는 곳이 많이 없었거든요. 막상 사용해 보니 술맛이 좋아지는 게 아니라 반대더라고요. 원주의 맛도 강한 편인데, 부재료의 풍미까지 추가되니까 과하게 느껴지더라고요. 그래서 준비는 마쳤지만 부재료를 사용하지 않고 있습니다.

다만 진달래는 언제가 되었든 꼭 사용하려고 합니다. 지역성이 강한 꽃이거든요. 제가 식품명인도 아니고, 제 술이 문화재도 아니라서 전통은 크게 생각하지 않습니다. 다만 지역성이 강한 술은 만들고 싶습니다. 근처의 비슬산에서 참꽃(진달래) 축제가 매년 열리기도 하고, 달성군의 상징이 진달래거든요. 보통의 부재료와는 다르게 맛이나 향에 큰 영향을 미치지도 않아서 부담도 적고요.

근데 왜 사용하지 못하고 있냐면, 수요가 없어서인지 공급도 없더라고요. 키우는 사람이 없어요. 아무리 찾아도 공급을 해 줄 수 있는 업체가 없습니다. 그렇다고 산에서 채취해서 쓸 수도 없고요. 타지역에 진달래 공급 업체가 있긴 한데, 저는 지역특산주라 지역과 인접한 지역의 농산물만 쓸 수 있어서 사용할 수가 없습니다. 지역 농산물 사용에 대한 법 내용이 개정된다는 이야기가 있어서, 개정되면 바로 사용하려고 하죠.

그럼 잘 만든 술은 무엇이라고 생각하세요?

설명하기가 어려운데, 우선은 맛있어야겠죠. 제가 생각하는 맛있다는 건, 우선 편안한 맛이어야 합니다. 먹었을 때 거부감이 들지 않아야 하고요. 거기에 복합적인 맛이 어우러지면서 독특한 풍미를 가지고 있어야 합니다.

술뿐만 아니라 음식과 음료 전반적으로 뛰어나다고 말하는 스타일이 비슷합니다. 편안하면서, 맛의 균형이 잘 갖춰져 있고, 풍미가 좋은 걸 추구하죠.

반대로 좋지 않은 술에 관해서 이야기한다면요?

반대로 불편한 술이죠. 그냥 먹었을 때 거부감이 드는 술이요. 이취나 잡미도 있지만, 알코올이 너무 튀는 술처럼 거부감이 드는 맛을 가리지 못한 술이 나쁜 술이겠죠.

창업에 대한 이야기를 해 볼까 하는데, 창업 비용은 얼마나 드셨을까요?

교육받으면서 사용했던 금액까지 말하면 너무 과할 것 같고요. 설비 비용으로만 1억 원 넘게 사용했습니다.

장소 구하는 데도 비용이 많이 드셨을 것 같은데 선택하실 때 기준이 있었나요?

여러 가지 조건 중에서, 선택하게 된 이유가 몇 가지 있었어요. 첫 번째로 2종 근린생활시설이어야 한다. 가끔 귀농하셔서 술 빚는다는 분 중에, '나는 풍광 좋은 곳에서 술 빚을 거야'라고 말씀하시면서 산골짜기의 땅을 구매해서 술부터 빚는 분들이 계시는데, 취미면 모를까 양조장으로는 허가가 안 나요. 첫 단추부터 잘못 끼우는 거죠. 일단 허가부터 나야 하니까 허가를 받을 수 있는 조건의 건물이어야 했죠.

두 번째가 시설. 제일 먼저 본 건 하수도 직관이었습니다. 대부분의 건물이 정화조와 연결되어 있는데, 그렇게 되면 나중에 증류주를 생산할 때, 정화조가 감당을 못해요. 그러다가 역류라도 하면 난리 나는 거죠. 애초에 문제가 생길 일을 만들기 싫어서 하수도 직관을 찾았고요. 하수도 외에도 도시가스도 들어와서 엄청 편하죠.

세 번째가 지역. 대구가 제 고향이다 보니 대구에서 양조장을 해야겠다고 생각했습니다. 또 다른 이유로는 추후에 리큐르로 사업을 확장하려고 하는데, 우선 생각하는 게 참외거든요. 인접 지역인 성주군과 경산, 대구에서 참외가 생산되기에, 나중에 사용할 때 문제가 없을 것 같아서 대구로 오게 된 거죠.

마지막으로 내가 매수할 수 있는 지역인가. 양조장이나 카페에서 술이나 커피를 팔아서 돈을 버는 게 아닙니다. 제품 판매로는 사업을 유지하면서 부동산 가격이 상승하는 걸로 돈 버는 거라고 생각해요. 미래 가치는 조금 부족할 수 있어도, 외곽에서 매수하여서 사업 유지하는 게 낫다고 생각해서 지금 장소를 구하게 되었습니다.

창업 비용은 어떻게 마련하셨어요?

부동산 포함해서 사실 대부분이 대출이죠. 이제부터 새롭게 시작한다고 생각하고 있습니다.

그럼 준비 기간은 얼마나 걸리셨나요?

농업인 자격을 미리 취득해 놓은 상태였습니다. 22년 7월에 사업자를 등록했고, 사업자가 나오기까지 6개월 정도 소요되었네요. 첫 술은 23년 6월에 나왔습니다.

첫 술이 늦게 나온 편인 듯한데, 이유가 있을까요?

두 가지 이유였는데요. 하나는 양조장을 가동하기도 전에 OEM 제의가 들어왔습니다. OEM 생산을 먼저 진행하다 보니 첫 술이 나오는 게 늦어진 것도 있고요.
다른 한 가지 이유는 당시에 중소벤처기업진흥공단에서 운영하는 청년창업사관학교에 선정되어서입니다. 지원 사업 일정에 맞춰 제품 출시를 하면 더 효과적일 거로 생각해서, 준비가 거의 끝났었지만 출시 일자를 조금 늦추고 더 보완했죠.

처음 예상했던 매출과 지금 매출의 차이가 있나요?

애초에 별 기대를 안 했습니다. 애초에 돈 벌려고 이 사업을 하면 망하죠. 다른 분들도 이 일이 궁금하고, 재밌고, 좋아서 계속하잖아요. 애초에 쉽지 않은 사업이겠다고 생각했습니다.

판매가 아니라 생산에서도, 설비 가동을 전부 다 하지 못하고 있기도 하고요. 처음에 생각했던 레시피대로 만드니 술의 질감이 너무 무거워지더라고요. 발효 기간을 늘리는 방식으로 해결했는데, 그러다 보니까 원래 계획했던 대로 설비를 운행할 수가 없죠. 처음 계획할 땐 월에 1만 병까지 만들 수 있도록 계획했는데, 지금 상태로는 아무리 해도 7, 8천 병 정도가 한계입니다.

솔직히 창업하실 때, '내 술이 정말 팔릴 것'이라고 생각하셨나요?

팔기 힘들 거라고 생각했습니다. 맛은 달고 바디감은 묵직해서 호불호를 많이 탈 거라고 생각했습니다. 대신 분명히 취향에 맞는 사람이 있을 거로 생각했죠. 좋아하는 사람이 분명히 있다고요. 그래서 그 사람들에게 어떻게 다가갈까를 고민했었죠.

실제로 운영하시면서, 제일 효과적이었던 판매 방법이 있을까요?

지금까지 가장 효과적이었던 방법은 백화점 팝업이라고 생각합니다. 한 번 진행할 때 일주일 단위로 진행하는데, 그게 제일 효과가 있는 것 같아요. 팝업 기간에 판매하는 것만으로는 남는 게 크게 없죠. 근데 비슷한 금액으로 할 수 있는 마케팅 중에서 제일 효과적입니다.

우선 시음시킬 기회가 있다는 게 제일 크고요. 내 술을 좋아하는 사람을 바로 만날 수 있는 것도 매력적이죠. 저희는 인터넷 판매도 하고 있으니까, 팝업 전후로 확인해 보면 바로 효과가 있어요. 그래서 지역별로 다니려고 노력하고 있습니다. 최근에도 꾸준히 참석하고 있고요.

양조장을 창업하고 싶은 분들께, 현실적으로 조언해 주시고 싶은 말이 있다면 어떤 걸까요?

'미식은 대식에서 온다.' 미식은 대식에서 시작된다고 생각합니다. 좋은 경험을 해 보지 않은 사람이 좋은 서비스를 제공할 수 없잖아요. 술도 마찬가지로, 좋은 술을 마셔 보지 않은 사람이 어떻게 좋은 술을 만들겠습니까. 소비자일 때 내가 이런 것까지 걱정하면서 구매해야 하나? 싶은 부분이 있잖습니까. 그런 부분을 생산자일 때 조심할 수 있는 거죠. 그런 부분에서 이제 막 술의 세계로 입문하신 분들이 양조장을 차린다고 하시면 안 된다고 말씀드리고 싶습니다. 자칫 잘못하면 작은 세상에 갇혀서 그게 전부라고 여길 수 있어요. 그러니 우선 다양한 술 경험을 쌓아 보시라고 말씀드리고 싶습니다.

그리고 술은 취향이라서 사람마다 다르다고도 많이 말씀하시지만, 저는 분명히 추구해야 할 방향이 있다고 생각합니다. 더 맛있다고 여러 사람들에게 평가받는 부분도 있고요. 이전에 말씀드렸던 것처럼 복합적이지만 선명한 향 같은 게, 추구해야 할 방향이죠. 모두가 꼭 그런 술을 만들어야 한다고 말하고 싶진 않습니다. 다만 취향이라는 말로 모든 술을 같다고 여기시진 않았으면 합니다.

만약 과거로 돌아가서 나에게 조언을 해 줄 수 있다면, 어떤 내용일까요?

후회하는 스타일이 아니기도 해서. 그냥 조금 더 일찍 했으면 더 좋았겠다 싶습니다. 지금 너무 만족스러워서요.

마지막으로 양조장 창업을 꿈꾸는 분께 응원이나 격려의 말을 해 주신다면요?

이런 질문을 받으면 제일 많이 하는 말이, 주류 분야가 아니어도 창업하시라고 말씀드립니다. 우리나라가 사업하기 좋은 나라예요. 창업하시되, 좋아하는 일을 하세요.

자기가 뭘 좋아하는지도 모르는 사람이 정말 많잖아요. 내가 뭘 좋아하는지, 취향이 어떤지를 알고 있다면 좋아하는 분야에서 창업하라고 말씀드리고 싶습니다. 무책임하게 하는 말이 아니라, 조금 불안정할 순 있지만 우리가 안정적으로 되려고 사는 게 아니라 행복해지려고 살잖아요. 상대적으로 불안정할 순 있어도 행복합니다.

꿈브루어리

광주광역시 동구 동명동에서
21년 12월부터 시작한 양조장.

"

많은 언어에서 '꿈'이라는 단어는 동시에 두 가지 의미를 가집니다. '자는 동안 깨어 있을 때와 마찬가지로 여러 가지 사물을 보고 듣는 현상'이라는 의미와 '실현하고 싶은 이상이나 희망'이라는 의미를 가지죠. 그래서인지 '꿈의대화'라는 제품명을 들었을 때도 두 가지 의미를 떠올렸습니다.

하나는 꿈같은 대화를 만드는 술입니다. 단순한 상품을 넘어서 마시는 이들 사이에서 자연스럽게 대화가 피어나는 술이라는 뜻을 담지 않았을지 싶었어요. 자면서 꾸는 꿈처럼 아름다운 장면을 만드는 데 일조하는 거죠. 다른 하나는 꿈들의 대화로 만들어진 술입니다. '꿈의대화'라는 이름을 지어 준 박록담 소장님은 우리술을 부흥시키고 잃어버린 풍류 문화를 되살리는 꿈을 꾸십니다. 그 이름을 받은 오민하 대표님은 광주의 지역특산주를 탄생시킨다는 꿈을 가지셨고요. 두 꿈이 만나서 만들어진 술이니 꿈들의 대화에서 나온 술이 아닐까요?

앞에서 꿈이라는 단어가 두 의미로 사용된다고 했던가요. 언뜻 보면 전혀 관계없는 두 의미지만 한 단어로 묶이는 데는 이유가 있겠죠. 저는 두 의미가 모두 '지금(현실)과는 다른 세계를 향한다'는 점에서 공통점을 가진다고 생각합니다. 현실 너머의 가능성을 상징한다고 할까요? 꿈브루어리에서도 비슷한 느낌을 받았습니다. 단순히 제품을 만드는 양조장이 아니라 더 나은 문화를 만들어 가는 곳이라는 느낌을요.

말씀하시는 내용을 들으며 '정말 그랬으면 좋겠다'라고 몇 번이나 고개를 끄덕였습니다. 실현 가능성이 낮은 꿈같은 이야기여도, 분명히 우리에겐 꿈같은 이야기가 필요하잖아요.

창업 전에 어떤 일을 하셨는지, 말씀 부탁드립니다.

컨설팅 분야에서 5년 정도 근무했어요. 기업의 마케팅을 분석하고 개선해 주는 일이었죠. 대표님(이사님의 어머님)은 10년 전부터 양조를 취미로 계속하고 계셨고요. 저는 중학교 때부터 미국에서 거주하면서, 미국에서 소비자 심리학을 전공했습니다. 졸업 후에 한국으로 귀국해서 컨설팅 업무를 시작했죠.

양조장을 돕기 위해서 회사를 그만두셨던 건가요?

꼭 그런 것만은 아니었고, 원래 사업을 하고 싶었어요. 제 일을 하고 싶다고 생각했는데, 양조장을 하게 될 줄은 몰랐죠. 그리고 그 시기에 이직을 생각하고 있어서 좀 더 쉽게 양조장 일을 해야겠다고 결심한 건 있어요. 물론 처음 올 때만 해도 이제 시작한 양조장이니 시스템만 만들고 돌아와야겠다고 생각했죠. 그런데 막상 시작해 보니까 대표님 혼자 할 수 있는 업무량이 아닌 거예요. 혼자 두고 올라갈 수가 없겠더라고요.

외부 환경도 잘 맞았어요. 광주의 지역특산주가 없다 보니 시 차원에서 지역특산주가 될 수 있는 술을 찾고 있었어요. 대표님과 둘이서 지역특산주를 만들어 운영하다 보니 지원도 조금 해 주더라고요. 그러다 보니까 지금까지도 계속 이어진 것 같아요.

나중에 알고 보니 대표님은 이렇게 될 줄 알고 계셨던 것 같더라고요. 저만 이렇게 될 거라는 걸 몰랐나 봐요. 지금은 완벽하게 자의로 남아 있습니다.

원래부터 술에 관심이 있으셨던 건가요?

  자연스럽게 스며든 것 같아요. 대표님이 우리술뿐만 아니라, 와인이나 사케 등 다양한 주종에도 관심이 많으시거든요. 교육기관들이 대부분 서울에 있어서 서울로 자주 올라오셨고, 저도 서울에 거주할 때라서 교육도 같이 받고, 대회도 함께 나갔었죠. 술 기행도 같이 다녔었고요. 교육은 전통주연구소와 가양주연구소에서 들었습니다.

교육기관이 많을 텐데, 두 곳을 선정하신 이유에는 대표님 영향이 컸던 걸까요?

  광주에서는 우선 배울 곳이 없었고, 대표님 영향도 있었어요. 대표님과 제가 추구하는 방향이 전통주연구소와 가양주연구소의 방식이었어요.

술을 배우면서 힘들었던 점이 있다면요?

  전부 다 어려운 것 같아요. 대표적으로 상업 양조와 취미로 빚는 양조가 다른 것도 어렵고요. 사실 양조를 쉽게 여겨본 적이 없어요. 술맛을 최대한 같게 만들려고 노력하지만 아주 가끔은 예상과 다른 술도 나와요. 통제할 수 있는 요소는 동일하게 만들어 보지만, 복합적인 요소가 개입되다 보니 경력이 꽤 있는 편인데도 아직 힘들더라고요.

거기다 저희 술 빚는 방식이 완전 전통 방식이거든요. 기계를 거의 사용하지 않아요. 쌀도 하나하나 씻고, 누룩도 직접 딛어요. 항아리도 그냥 사용하기만 하는 게 아니라, 소독부터 옛 방식 그대로 볏짚으로 소독해요. 둘이서 하긴 힘들죠.

두 분이서 하시기엔 노동 강도가 너무 높을 것 같은데요?

맞아요. 다들 놀라세요. 사실 그러다 보니 생산량이 많지 않아요. 다만 상업 이전에 저희가 추구하는 가치가 있고, 전통을 지키는 일이라고 생각해요. 힘들지만 의미 있는 일이죠. 다행히 이해해 주시는 분도 많고요. 술 빚고 힘들었다가도 누군가 빈말로라도 맛있다고 해 주시면 다시 힘이 나는 것 같아요.

직장 생활을 하다 사업을 하실 때, 힘든 점은 없나요? 대표적으로 월급 없는 삶에 대해서요.

쉽지 않죠. 그래도 매출이 꾸준하게 생길 땐 괜찮은데, 올해 들어서는 정말 쉽지 않은 것 같아요. 주류가 음식처럼 꼭 먹어야 하는 건 아니잖아요. 그러다 보니 더 흔들리는 것 같아요. 오래 흔들리지 않고 버텨야죠.

사업을 한다는 게, 월급처럼 안정적인 급여를 바라는 것보다는 멀리 내다보고 투자를 하는 행위잖아요. 투자하는 중이라고 생각하면서 버티는 중입니다.

주변에서 걱정하진 않았나요? 양조장을 한다고 할 때, 주변의 반응도 궁금합니다.

내려가서 양조장 한다고 하니까 '정말 내려가?', '아깝지 않냐?'는 반응이 제일 많았죠. 지금도 다시 복귀할 생각이 없는지 묻기도 해요. 근데 저는 한 번 결정한 일에 대해서는 후회하지 않아서요. 최근에는 조금씩 해 나가면서 성과물이 나오니 대단하다고 격려나 응원의 말을 듣기도 하고요.

가족이랑 같이 시작한 일이라, 가족들이 가장 크게 응원해 줬을 것 같아요.

아버지는 처음에 반대하셨어요. 그래도 항상 제 결정을 믿어 주시는 편이셨고, 저도 확신을 가지고 내려온 거라 차근차근 설명해 드렸죠. 광주에 지역특산주가 없으니, 지역특산주를 만들어 볼 거고, 단순히 술만 만드는 게 아니라 문화나 역사 교육도 같이하려고 한다고요. 걱정하시던 것과 달리 쉽게 이해해 주셨어요.

양조장의 일은 보통 어떻게 진행될까요?

주에 한 번은 밑술을 빚어요. 저희는 이양주를 빚어서, 주에 한 번은 밑술을, 한 번은 덧술을 빚죠. 술 빚는 날만 세면 일주일에 두 번 술을 빚어요. 그 외에도 주에 한 번은 병입을 합니다. 택배나 사무 업무는 당연히 매일 하는 업무고요.

보통 근무 시간에는 양조하고 택배 보내면 하루가 다 지나가요. 지원 사업이나 콘텐츠를 만드는 일은 퇴근하고 집에서 주로 진행하고요.

두 분이 운영하시는데, 소규모 양조장이어서 힘든 점은 없을까요?

인력이 있으면 좋겠다고 생각하죠. 꼭 힘쓰는 일이 아니더라도, 택배 보내는 일처럼 단순 반복 업무도 누군가가 있으면 좋을 것 같아요. 현실적으로 어려운 일이겠지만요.

또 양조장을 비우지 못하는 것도 힘든 것 같아요. 술을 빚었다고 끝나는 게 아니라, 계속해서 품온이나 발효 상태를 확인해야 하니까 비울 수가 없어요. 박람회나 행사에 자주 참석하지 못하는 것도 그것 때문이에요. 일정도 미리 조정하고, 박람회에서 급하게 술을 택배로 보내기도 하죠.

좋아하는 술은 어떤 스타일인가요?

누구나 거부감 없이 마실 수 있는 순한 술을 좋아해요. 가족들이 술 마시는 스타일도 작정하고 술을 마시기보다는, 반주하면서 가볍게 마시는 걸 선호해서요.

맛은 어떤 음식이랑 먹어도 무난하게 어울리는 맛을 선호해요. 커다란 장점이 있으면 좋지만, 그것보다는 치명적인 단점이 없는 술이요. 단점이 없다는 게 장점이 될 수 있는 거부감 없는 술을 좋아합니다.

듣다 보니 꿈브루어리에서 나오는 술의 맛 같은데요?

그렇죠. 컨셉을 정하고 양조장을 시작했어요. 대표님이 술을 오래 빚어 보셔서, 컨셉에 맞는 맛을 만들어 낼 수도 있었고요. 저희가 원하던 방향이 사람들이 우리술을 쉽게 느끼도록 하는 거였어요. 그러려면 가격도 합리적이어야 했고, 보자마자 마음에 쏙 드는 디자인은 아니어도 호기심이 생기는 디자인이어야 했고요. 맛도 순해야 했죠. 먹어보고 거부감이 들면 안 되잖아요.

최근에는 부재료를 넣은 술이 강세를 보이는 것 같은데, 유행을 따르는 술을 만들 생각은 없나요?

저희가 추구할 방향은 아니라고 생각해요. 말씀드렸던 것처럼 순하게, 은은하게 한 병을 다 비울 수 있는 술을 추구하는데. 부재료를 사용해서 향을 강하게 내면 한 잔은 맛있을 수 있어도, 한 병을 마시기엔 질릴 것 같아요.

만약 부재료를 사용한다면 원물을 직접 사용하거나 가향하는 방식보다는 즙을 사용해서 최대한 섬세하게 향이나 맛을 입히는 방식으로 연구해 보고 있어요. 아직 확정된 건 없어서 말씀드리기 어렵네요.

잘 만든 술은 무엇이라고 생각하세요?

잘 만든 술을 가르는 기준이 없다고 생각해요. 보통은 잘 만든 술이라고 하면 맛있는 술을 생각하잖아요. 근데 '맛있는' 술이라는 것도 결국 취향인 거고요.

시음회를 진행할 때도 제일 많이 드리는 말씀이에요. 입맛이 다르고, 취향이 다르니 누군가가 맛있다고 해도 내 입에는 맛이 없을 수 있다. 자기 취향을 찾는다고 생각하시면 되지, 정답을 찾지 말라고요.

저는 물론 저희 술이 맛있다고 생각하지만, 술자리의 상황에 따라서도 변하는 게 술맛이잖아요. 음식이 어울리지 않을 수도 있고, 같이 마시는 사람이 별로일 수도 있고요. 정해진 기준은 없다고 생각합니다.

사람마다 느끼는 게 다르니 하나의 기준을 세우기 어렵다는 말씀인 거죠?

맞아요. 그렇게 생각해야죠. 분명 나와 다른 의견이 어딘가에 존재할 거잖아요. 그런데 생각이 너무 확고하면 반대 의견을 수용하기 어려우니까 힘들지 않을까 싶어요.

그럼, 반대로 나쁜 술은 무엇이라고 생각하세요?

기초를 지키지 못한 술이요. 대표적으로 비위생적이라던가, 맛의 균형이 완전히 깨진 술을 들 수 있겠네요. 이취나 잡미가 나는 술도 기초를 못 지킨 술이라고 볼 수 있고요.

창업 이야기로 넘어가서, 양조장 창업 비용은 얼마나 들었을까요?

저희는 많이 든 편이에요. 사실 여기가 땅값이 비싸서 부동산값만 해도 비용이 만만찮았죠. 일반적으로 양조장 창업하실 때보다 훨씬 비쌌을 거예요.

양조장이 위치한 곳이 구도심인데, 일부러 구도심에 자리를 잡았어요. 사람들이 많이 방문했으면 해서요. 보통 양조장은 외곽에 있어서 방문이 어렵잖아요. 사람들이 오가며 찾는 공간이었으면 좋겠다고 생각해서, 적

합한 공간을 찾는 데만 1년이 넘게 걸렸어요.

거기다 양조 공간만 차린 게 아니라, 체험 공방 공간도 꾸며야 해서 인테리어 비용도 많이 들었어요. 물론 어느 정도는 지원을 받긴 했지만, 한 번 공사를 시작하니 욕심이 계속 생기더라고요. 그래서 비용이 많이 들었죠.

비싸다는 이야기를 들어서인지 공간이 더 훌륭한 것 같네요.

감사합니다. 한 번 공사하는 김에 확실하게 하자 싶었어요. 그런데 어쩔 수 없이 체험 공간이 넓은 대신 양조 공간이 좁아요. 다음 목표는 양조장을 외곽으로 이전해서, 넓게 양조하는 거죠. 언제가 될진 모르겠지만요.

그리고 대표님이랑 저 모두, 트렌디한 공간을 만들고 싶었어요. 양조장이라고 하면 왠지 구시대적일 것 같고, 오래된 느낌이잖아요. 젊은 분들이 방문할 때 거부감 없는 공간이었으면 좋겠다 싶었죠. 카페인 줄 알고 들어오시는 분도 있어요.

사람이 많이 찾았으면 좋겠다고 생각하신 이유가 있나요?

광주에 우리술을 홍보하는 공간이 없으니까 우리술을 홍보하는 차원에서도 많이 와 주셨으면 했죠. 서울의 전통주 갤러리처럼 다른 술도 소개하고, 꼭 꿈브루어리의 술이 아니더라도, 우리술을 알리는 공간이 되고 싶었어요. 먼저 우리술이 뭔지 알아야 꿈브루어리의 술도 알게 되지 않을까 싶어서요. 지나가다가 많이 방문하시는데 그때마다 시음 도와드리고 있고요.

창업 준비 기간은 얼마나 걸리셨을까요?

준비가 오래 걸린 편이에요. 21년도 12월에 사업자가 나왔고, 제조면허는 22년 11월, 첫 술은 23년 10월에 나왔죠.
왜 이렇게 오래 걸렸냐면, 지역특산주가 없었다고 말씀드렸잖아요. 그러다 보니 담당자분들도 어떻게 진행해야 하는지, 뭘 준비해야 하는지 모르시는 거예요. 서로 모르는 상태로 물어물어 가면서 진행했죠. 저희도 찾아가면서 서류 제출하고, 담당자분들도 다른 곳에 물어 가면서 진행하다 보니 시간이 오래 걸렸어요.
첫 술은 빨리 나올 줄 알았는데, 발효나 숙성을 장기간 진행하는 술이다 보니까 시간이 더 필요하더라고요. 마음에 드는 술을 만들기 위한 시간이니까 조급해하지 말자고 다짐하면서 기다렸죠. 급하게 내면 좋은 술이 나올 수 없다고 생각해서요.

처음에 예상했던 매출과 현재 매출 사이에 차이가 큰가요?

기대를 안 해서인지 비슷해요. 애초에 저희가 생각했던 방식이 술을 많이 생산할 수 없는 구조라 기대치를 낮게 잡았어요. 오히려 술만으로는 지속이 어려워서 체험이나 교육도 같이 진행하려고 생각했어요.

시작하실 때 내 술이 정말 팔릴 거로 생각하셨어요?

팔릴 거라고 생각했어요. 저희 입맛에 확신이 있었거든요. 입맛이 같든, 취향이 같든 저희 술을 알아봐 주시는 분이 계실 거라고 생각했어요.

예비 창업자들을 위한 이야기로 넘어가서, 현실적인 조언을 해 주신다면요?

쉽게 진입할 시장이 아니라고 말씀드리고 싶어요. 제가 양조장을 운영하고 있다고 말씀드리면, '나도 양조장이나 해 볼까?' 같은 말을 많이 들어요. 그런데 절대 만만한 사업이 아니거든요.

정말 고된 노동이고, 공부도 제대로 해야 하고요. 대표님이 항상 말씀하시는 게, 술은 3대가 이어져야 인정받는다고 하세요. 그만큼 길게 보고 시작해야 하는 사업이지, 단기간에 부자가 된다거나 가벼운 마음으로 할 수 있는 일은 아니라고 생각합니다. 우리술을 정말 좋아하는 분이 아니고서는 어려운 시장이 아닐까 싶어요.

만약 꼭 하셔야겠다면, 몸이 힘든 건 어쩔 수 없으니 운동 많이 하세요. 운동 정말 필수입니다. 양조장 운영하시려면 운동은 필수예요.

만약에 과거로 돌아갈 수 있다면, 본인에게 조언해 주고 싶은 말이 있나요?

아무것도 모르는 게 제일 좋은 것 같아요. 모르고 진입해야 겁도 덜 내고 시원하게 진행할 수 있을 것 같아요. 너무 자세히 알면 시작을 못 하잖아요.

꼭 하나를 조언해야 한다면, 상업 양조를 시작하기 전에 더 다양하게 술을 빚어 보라고 말해 주고 싶어요. 상업 양조를 시작하면 제품이 먼저니까 정말 재미있는 시도가 생각나도 바로 적용하지 못할 때가 있거든요. 사업 시작하기 전 취미로 즐기던 시절에 다양하게, 많이, 가벼운 마음으로 빚었으면 좋겠어요.

마지막으로 격려나 희망의 말 한마디를 해 주신다면요?

우선 가능성이 있는 시장이라고 말씀드리고 싶어요. 새로운 제품이 나오고, 많은 양조장이 생기잖아요. 그 자체로 희망적이라고 생각해요. 또 우리술을 예전부터 즐기던 입장에서, 전체적으로 술의 수준이 많이 올라갔다고도 생각하고요. 퀄리티도 올라가고 제품의 질도 좋아지니 다음은 인정받을 수 있을 거라고 생각합니다. 아직 작은 시장인 만큼 성장할 수 있는 가능성이 크다고 생각하고요.

원하는 맛이 뚜렷하게 있다면 어떤 맛이든 진입하는 게 산업 입장에서도 도움이 될 거라고 생각해요. 새로운 제품이 나오면 새로운 고객을 만들어 낼 수 있는 거잖아요. 새롭게 고객이 유입되면 시장이 커진다는 거고요. 정말 잘못된 방향만 아니라면 얼마든지 뛰어들라고 말씀드리고 싶습니다.

우쥬라익썸

충남 천안시 서북구 쌍용동에서
23년 10월부터 시작한 양조장.

❝

　그 어느 때보다 취향이 중요한 시대입니다. 오죽하면 취향만 곧게 서 있어도 돈이 된다고 표현하겠어요. 그런데 문득 이런 의문이 들더군요. '취향'은 어디에서 생겨나는 걸까요?

　무엇을 좋아하겠다는 의지나 다짐일까요? 아니면 다채롭고 풍성한 경험일까요? 그것도 아니라면 마음껏 누릴 수 있는 자본일까요? 저는 깊은 정확한 이해에서부터 취향이 생겨난다고 생각합니다. 무언가를 이해하려면, 최소한의 지식은 있어야 할 겁니다. 그게 무엇인지도 모르고 좋아하는 걸 취향이라고 부를 수 있을까요? 맹목적인 열정이라고 불러야겠죠. 또, 이해의 끝엔 답이 있을 겁니다. 차마 설명할 수 없어서 터져 나오는 그냥이 아니라, 말 그대로 '그냥' 좋아진 거면, 언제고 '그냥' 싫어질 수도 있을 거잖아요. 그런 제 생각에 확신을 가질 수 있게 해 준 인터뷰였습니다.

　색조작주의 첫 시음회에 참석했던 날이 기억납니다. 무언가를 알아가면서 슬픈 일 중 하나는 감탄할 일이 줄어든다는 것일 겁니다. 그러나 시음회 날, 오래간만에 감탄하면서 술을 마셨습니다. 감탄만 하며 맛을 보고. 나갈 땐, 매료당해서 구매까지 했습니다. 그때 구매한 제품을 지인들과 나눠 마셨는데, 다들 맛있다며 병 바닥까지 싹싹 비우더라고요. 취향이 굳건한 사람이 만드는 술이라 그런 게 아닐까 싶었습니다.

　자신이 무엇을 왜 좋아하는지 정확하게 말할 수 있는 사람은 주변을 끌어당기는 힘이 있죠. 오래간만에 그런 사람과 나눈 대화였습니다.

양조장 창업 전에 어떤 일을 하셨나요?

밀크티 베이스와 블렌딩 찻잎, 뱅쇼를 생산하고 납품하는 일을 10년 정도 했어요. 중간에 17년부터 20년까지 제주도의 조천리에서 밀크티와 홍차 전문점을 운영했었고요. 이런저런 사정이 있어서 카페는 3년 정도 운영하고 정리했지만, 제조업은 여전히 양조장과 함께 운영하고 있어요.

양조장을 차려야겠다고 마음먹게 된 계기가 있을까요?

제주도에서 처음 카페를 오픈하고 열흘쯤 지났을 때, 노란 머리의 여자 손님이 홀로 방문하셨어요. 인상적인 사람이라 몇 개월 뒤에 다시 찾아 주셨을 때도 알아볼 수 있었죠. 그 후로는 카페를 정리하기까지 볼 수 없었어요.

영업을 종료하고 쉬는 동안, 누가 제주 시내의 홍게 요릿집을 가자더라고요. 멋지고 조용한 공간이었는데, 그 공간의 대표님이 노란 머리의 여자 손님이셨던 거예요. 이번엔 반대로 그분이 저를 기억해 주셨고, 그렇게 다시 인연이 닿아 친하게 지내게 되었어요.

어느 날은 그 친구가 자기가 만든 술이라며 정말 딱 한 잔의 술을 내어 주는 거예요. 소주 한 잔 정도였는데, 그 한 잔을 마시고 너무 큰 충격을 받았죠. 평소 전통주에 관심이 없었는데도 충격이 가시질 않아 매장에서 요리와 함께 팔면 어떻겠냐고 물었어요. 그런데 취미로 빚어 주변 사람들과 나누는 걸 더 즐거워하더라고요. 그렇게 1년 정도 지났을까요? 그동

안 그 맛을 못 잊겠더라고요. 다시 설득했죠. '혹시 용기가 나지 않는다면 내가 만들어 보고 싶다. 다만 너로 인해 우리술에 빠졌기 때문에 단순히 혼자 하고 싶지는 않다. 네가 도와줬으면 좋겠다'고요. 저에게는 그 친구와 함께 브랜드를 만드는 게 정말 재미있는 일이면서, 큰 의미였거든요. 대답을 듣는 데에도 1년이 더 걸렸어요. 대답을 듣고 양조장을 시작하게 되었죠.

지금 같이 운영하시는 건가요?

아니요. 그 친구는 여전히 제주에 있어요. 자신의 이름을 딴 공간에서 설계를 하고, 도자기를 빚고, 디자인도 하면서 자신이 좋아하는 책을 소개하는 카페를 운영하고 있죠. 저는 받은 레시피를 기반으로 상업 양조에 맞게 연구했고요.

지금도 색조작주를 비롯한 대부분의 디자인과 브랜딩 작업을 그 친구와 함께 협업하고 있어요. 동업자 이상의 든든한 지원군이자, 친구이며, 동료이죠.

사실은 저도 제주도를 떠나 올라오고 싶지 않았어요. 개인의 삶으로는 너무 행복한 곳이었거든요. 만약 양조장을 운영하지 않았다면 지금도 제주도에서 수영할 수 있는 여름을 기다리고 있었겠죠.

원래도 술을 좋아하셨나요?

홍차를 너무 좋아했고, 술도 좋아했어요. 독주를 굉장히 좋아하고요. 희석식 소주는 마시지 않은 지 20년 됐습니다. 이상하게 마시고 나면 몸이 너무 아프더라고요. 맥주는 가끔 마시는 편이에요. 최근에는 비뉴 베르드나 까바를 자주 즐기고, 가끔씩 꼬냑을 즐깁니다.

레시피를 받으셨다고 하셨는데, 별도로 양조를 배우셨나요?

창업을 준비하던 중에, 정말 우연히 국세청에서 운영하는 '주류제조아카데미'를 알게 됐어요. 아무것도 모르고 우선 신청부터 했죠. 정성스럽게 이력서를 작성해서 제출했는데 당연히 안 됐죠. 나중에 알았는데, 양조업에 종사하시는 분 대상으로 우선 선발하더라고요.

다른 교육기관을 찾아보고 있었는데, 연락이 왔어요. 빈자리가 생겼는데 추가 등록하실 거냐고. 무조건 가겠다고 했죠. 우선 선발로 12명을 뽑았는데, 한 분이 일정이 안 맞아서 취소하셨더라고요. 그 한 자리에 운 좋게 들어가게 된 거죠.

그 외에 별도로 양조를 배운 곳은 없나요?

국세청 외 다른 곳에선 배우지 않았어요. 지금 배우러 가기에는 스케줄이 안 맞기도 하고요. 배움은 늘 중요하다고 생각하지만, 지금은 스스로 공부하고 연구하는 걸 먼저 해 보려 합니다. 양조 대학원 진학에 대해서도 고민 중이고요.

주류제조아카데미부터 배우신 분은 처음 보는 것 같아요.

맞아요. 담당자분들도 양조 종사자가 아닌 사람이 교육에 뽑히는 게 드문 경우라고 하셨고, 그런 사람이 이렇게 열심히 하는 경우가 처음이라고 말씀하시더라고요. 알게 된 것도 정말 우연이었어요. 주류 면허를 찾으려고 들어갔다가 우연히 들어가게 된 기관이어서요.
나라에서 운영하는 거니까 더 상세하게 알려 주지 않을까 싶었어요. 주세법이나 세금 문제도 명확하게 배울 수 있을 것 같았고요.

교육받으면서 어려웠던 점이 있었다면요?

딱히 없었어요. 다행히도 학창시절에 화학을 잘하고 좋아했거든요. 그래서 딱히 어려웠던 점은 없었어요. 심지어 유일하게 양조장에서 일해 본 적 없는 사람인데 반장까지 맡았습니다.
얼마 전 기수 회식 때, 팀장님이 첫날 제 눈이 너무 반짝거려서 반장을 시킬 수밖에 없었다고 이야기해 주시더라고요. 제가 아직도 호기심에 눈이 반짝거린다는 사실이 너무 기뻤어요.

양조장 시작 전에 제일 걱정되던 건 어떤 건가요?

거짓말처럼 기가 막히게 운이 좋았기에, 크게 걱정을 안 했던 것 같아요. 제가 처음부터 농업인이 아니었다 보니, 농지를 구해야 했었죠. 국세청 교육을 받던 중 우연히 농지은행을 접속했는데 제가 원하는 평수의 땅이 매물로 올라온 거예요. 교육이 끝나자마자 올라와서 계약을 하고 농업인이 됐죠.

지금 사무실 건물도 국세청에서 교육받기 일주일 전에 계약서에 사인했어요. 추가 합격했다는 전화를 받자마자 드라마처럼 찾던 조건의 상가가 매물로 나온 거예요. 무슨 퍼즐처럼 시기가 다 맞았어요.

대부분의 큰 일은 걱정 없이 잘 흘러갔는데, 모든 서류 작업과 제조장 도면 설계 등 디테일한 업무까지 모두 혼자 해내야 했기에 그 부분이 조금 지치고 힘들었어요. 업무에서 오는 압박감을 제법 즐기는 성향임에도 중간에 '그냥 행정사무소에 맡길걸'이라는 생각이 들었으니까요.

양조장을 시작한다고 하니 주변의 반응은 어땠나요?

제가 25살 때부터 사업을 해서인지, '뭐 또 새로운 거 하는구나' 같은 반응이었어요. 이번엔 또 무슨 새로운 재밌는 일을 하는지 기대하는 반응이 압도적으로 많았죠. 부모님도 크게 걱정을 안 하셨어요. '어차피 말려도 너 하고 싶은 대로 할 거니까 재미있게 해라'는 반응이었죠.

배우자분의 반응은 어땠나요?

농담처럼 이번에는 적성에 맞았으면 좋겠다고 하더라고요. 저는 품목이 바뀌었을 뿐이지 한 가지 일을 계속하고 있다고 생각하는데, 남편의 생각은 좀 다른가 봐요. 저 스스로는 제 길을 잘 걷고 있다고 생각해서 크게 마음에 두진 않아요. 물론 남편이 힘든 작업이 있으면 제일 먼저 두 팔 걷고 도와주는 사람이기도 하고요.

작업 이야기가 나온 김에, 양조장의 업무는 어떻게 진행되나요?

정말 술을 많이 빚는 주에는 매일 빚기도 하는데, 보통은 주에 2~3회 정도 술을 빚어요. 채주 상황에 따라 조금 들쭉날쭉해서요. 병입은 일자를 정해 놓고 진행하진 않고, 발주가 들어오는 만큼만 병입하고 있어요. 그 외에는 택배 작업이나 사무 작업, 신제품 기획을 하고 있어요.

혼자 일하시는 소규모 양조장인데, 소규모 양조장이어서 힘든 점이 있을까요?

체력적으로 힘들어요. 특히 팔이 너무 아파요. 밥을 굶어도 아침저녁으로 스트레칭은 꼭 하려고 합니다. 첫 배치 만들 때 쌀 씻다가 엉엉 울기도 했거든요. 쇄골 아래 속근육이 지쳐서 팔이 일정 수준 이상 안 올라가는 거예요. 안 쓰던 근육이어서 그런지 치료만 6개월 넘게 걸렸어요.

  대부분의 작업이 수공정으로 진행되는 게 많이 힘들어요. 제 성격이 중복투자를 싫어하기도 하고, 상업 양조의 경험이 없었기 때문에 1년은 몸으로 부딪혀 보며 하나씩 보완하기로 마음먹었죠. 그래서 최소한의 설비로 시작했는데, 이젠 지체 없이 필요한 장비들을 구입하려고 합니다.

한번 다치면 쉽게 회복이 안 된다고 말씀하시더라고요.

  맞아요. 계속 다쳐요. 주말도 없고요. 거기다 쌀을 불린 후에 일정 시간이 지나면 바로 양조를 해야 하니까 어딜 길게 갈 수도 없죠. 잠을 깊게 잘 수도 없고요.

술 이야기로 넘어가서, 대표님이 좋아하는 술 스타일은 어떤 걸까요?

  저는 우리가 떠올리는 일상적인 반주는 선호하지 않고, 해 본 적도 거의 없어요. 먼저 페어링에 대해 이야기하면 술이나 사람이 주인공인 자리를 좋아해요. 곁들이는 음식보다도 공간의 분위기, 흘러나오는 음악, 다른 손님들의 분위기 등을 더 중요하게 생각하고요. 물론 음식까지 완벽하다면 몇 번이고, 몇 년이고 다시 찾아도 좋을 거예요.

  주종에 대해 이야기하자면 앞에서 말씀드렸던 것처럼 비뉴 베르드와 까바를 그리고 꼬냑을 좋아합니다. 20대 초반에는 데킬라를 정말 좋아했는데 이젠 잘 받지 않더라고요. 그래도 20대가 그리울 땐 가끔 바카디와 그랑 마니에 베이스의 슈터 칵테일을 즐겨요.

예나 지금이나 고도수의 술을 굵고 짧게 즐기는 걸 좋아합니다. 소주잔을 기울이며 지나치게 오랜 시간 동안 유지하는 술자리는 선호하지 않고요. 호불호가 확실하죠.

그래서 일반적인 막걸리보다 도수가 좀 높은 제품을 만드시는 건가요?

맞아요. 원주가 17도 정도로 만들어지고, 14도로 제성해서 출시하고 있어요. 제품 출시 전 0.2도 단위로 테스트해 봤는데, 제 기준에서는 13도 아래로 내려가면 단맛만 난다거나, 맛이 비어 있는 듯한 물맛이 나더라고요. 저는 쓴맛도 같이 있으면서, 단맛과 산미가 조화롭게 어우러지는 맛을 원해서 14도로 출시하게 되었습니다.

그럼 대중적으로 선호되는 10도에서 12도 사이 제품을 만들 생각은 없으세요?

현재는 없어요. 추후에 제가 양조장을 확장한다면, 저도수인 6도 정도와 원주 버전을 추가로 제작할 것 같아요. 제 입에 그 사이의 도수는 재미가 없더라고요. 아예 라이트하거나, 아예 묵직한 술이 끌리지 중간 도수의 술은 제 입엔 안 맞았어요. 일단 제 입에 맞아야 만들고 싶어지는데,

크게 만들고 싶다고 생각할 만큼 매력적이지 않더라고요.

다른 분들도 비슷하게 말씀하시는 것 같아요. 내 입에 먼저 맞아야 한다고.

맞아요. 그게 가장 중요하다고 생각해요. 한 양조장에서 만들어지는 술은 그 양조장의 취향이라고 생각하거든요. 누군가와 취향이 다르다고 해서 비난할 필요도, 이유도 없는 거잖아요. 모든 취향을 존중한다는 의미를 담아 15년에 당신의 취향은 무엇인지를 묻는 '우쥬라익썸'으로 회사 이름을 지었어요. 그런데 존중한다는 말이 다른 사람의 말에 휘둘리겠다는 뜻은 아니에요. 나의 취향도 생각해야죠.

나의 취향도 존중받고, 그 존중을 바탕으로 나의 취향을 알려야 팬이 만들어진다고 생각해서, 제 입에 맞지 않는 술은 만들고 싶지 않아요. 그게 저희 회사가 나아가려는 방향이기도 하고요.

잘 만든 술이 되려면 어떤 조건을 가져야 할까요?

아직은 경력이 부족하지만, 양조사로 말해 본다면 일단 향만 맡아도 느낌이 와요. 맛은 취향이라 평가 기준으로 두긴 어려울 것 같고요. 많은 사람들이 공감하는 긍정적인 향이 많이 난다면 잘 만들어진 술이라고 생각합니다.

술을 좋아하는 사람으로 말씀드리면, 오랫동안 기억에 남는 술이요. 소중한 사람들과 함께 나누고 싶을 때 가장 먼저 생각나는 그런 술이 좋은 것 같아요. 제가 만드는 술이 그런 술이 되기를 바라기도 하고요.

반대로 나쁜 술에 대한 기준이 있으시다면요?

마찬가지로 향을 맡아보면 느낌이 와요. 이취라고 표현하는 향이 나는 술은 좋지 않다고 생각해요. 개인적으로 제일 기피하는 향은 장내가 나는 술이에요. 일부러 추구하시는 분도 계시겠지만, 발효 시설이 청결하지 않거나, 적절한 채주 시기를 놓치면 장내가 심해진다고 생각해서요.
그리고 만든 이가 어떤 이유로든 타협한 술이요. 그런 술은 마시면 바로 느껴져요.

현실적인 이야기로 넘어갈게요. 창업 비용은 얼마나 사용하셨을까요?

1억 원 정도 들었던 것 같아요. 설비에선 크게 비용을 사용하진 않았고, 보증금도 나중에 돌려받는 것이라서 제외했어요. 그런데 초기 창업 비용은 중요하지 않고, 이후에 수익이 발생하기 전까지 드는 비용이 중요한 것 같아요.

안정적인 수익이 나기 전까지 버틸 수 있는 비용이 '진짜 창업 비용'이라는 말씀이실까요?

그렇죠. 술을 출시하자마자 바로 판매로 이어지는 게 아니다 보니 안정적인 납품처를 찾는 시간도 필요할 거고요. 거기에 마케팅비, 패키지 제작비, 원재료 사업비, 기타 운영비를 모두 포함하면 사실 1억 원이라는 금액은 턱없이 부족한 예산이죠. 무엇보다 언제부터 손익분기점을 넘어설 수 있을지 기약할 수 없잖아요. 소규모 기준으로, 적어도 5억 원 정도의 자본으로 창업하시는 게 안정적 재정 상태를 유지하며 때에 따라서는 공격적으로 움직일 수 있는 비용이라고 생각합니다.

그럼 창업 준비 기간은 얼마나 들었을까요?

23년 10월에 사업자등록증이 나오고, 주류제조면허가 다음 해 5월에 나왔으니까 면허 발급까지 7개월이 걸렸네요. 첫 술은 24년 12월에 출고했고요.

첫 술이 나오는 데 시간이 오래 걸린 것 같은데 이유가 있을까요?

원래 24년 10월에 출시 예정이었는데, 저희가 지난 7년간 꾸준히 겨울마다 생산하던 뱅쇼 일정 때문에 두 달 미뤄서 제품 출시를 하게 되었습니다.

양조장 운영하시면서 기억에 남는 일이 있을까요?

연말에 진행했던 프라이빗 시음회가 기억에 남아요. 서울에 있는 바에서 첫 술 시음회를 진행했는데, 제 이야기를 경청해 주시던 분들의 눈빛이 유난히 기억에 남아요. 다들 눈이 반짝거리셔서 저도 즐겁게 이야기했는데, 그러다 보니 정했던 시간을 훌쩍 넘겨서 이야기하게 되더라고요. 신제품이 나오면 또 즐거운 자리를 만들어 보려고 합니다.

처음 생각하던 매출이랑 지금 매출이 차이가 있나요?

지금 답변드리긴 어려운 문제인 것 같아요. 아직 술이 나온 지는 4개월밖에 안 된 양조장이라, 연말쯤에나 제대로 대답해 드릴 수 있지 않을까 합니다. 성과나 예상 매출액을 이야기하기에는 아직 너무 이른 단계인 것 같아요.

첫 박람회 때 내 술이 팔리겠다는 자신이 있었나요?

판매량에 대한 부분은 예상하지 못했어요. 주류로 처음 참가하는 박람회이기도 하고, 무엇보다 처음 개최되는 박람회였기 때문에 어느 정도의 관람객이 오실지도 전혀 정보가 없었거든요. 그럼에도 라이스페스타 박람회를 나간 이유는 나름의 다짐 때문이었어요. 만약 그때 출시하지 않앉으면 지금도 출시하지 못했을 것 같아요.

양조장 창업을 생각하는 분들께 현실적인 조언을 해 주신다면요?

왜 양조장을 창업하려 하는지 충분히 생각하고, 본인이 생각하는 그 이상으로 구체적인 계획을 세워 움직이라고 말씀드리고 싶어요. 무엇보다 다른 양조장에서 먼저 근무해 보라고 조언하고 싶고요.

업태의 구분을 떠나 남이 잘 되는 것 같으면 적당히 배워서 창업하려는 분을 지난 십수 년간 생각보다 많이 접했어요. 그런데 그런 이유로 시작하기에 특히 양조장은 만만한 시장이 아니에요. 요즘에 특정 막걸리가 잘 된다고 하면 나도 따라서 만들어 봐야겠다고 생각하는 분들이 있는데, 높은 확률로 실패할 거라고 생각해요. 자신만의 특화된 강점이나 명확한 계획이 없으면 섣불리 시작하지 않으셨으면 좋겠어요. 타인의 성공 사례는 결국 다른 사람의 이야기잖아요.

양조장에서 일해 보라는 이야기는 일단 프로세스를 알고 어떤 부분에서 고충이 있는지는 파악해야 한다고 생각해요. 그러기 위해선 1년 정도는 다른 사람의 양조장에서 근무해 보는 게 제일 좋다고 생각하고요. 저도 제조업을 오래 했다는 이유로 이 부분을 간과했던 걸 조금 후회하고 있어요. 어떻게 보면 위 이야기는 모두 스스로에게 다시 한번 하는 이야기이기도 하고요.

두 번째 질문으로 과거로 돌아가서 나에게 해 주고 싶은 조언이 있다면 어떤 내용일까요?

어깨 단련을 해 놓으라고 말하고 싶어요. 어깨를 진짜 많이 사용하거든요. 또 등을 굽히는 자세를 많이 취해서, 자세도 바르게 하려고 노력해야 하는 것 같고요. 그냥 운동을 꼭 하라고 조언해 주고 싶어요. 운동은 필수다. 양조는 체력이고, 웬만한 장비는 처음부터 사라.

마지막으로 창업을 꿈꾸는 사람들에게 따뜻한 조언의 말을 해 준다면요?

저는 늘 도전하고 부딪히면서 제법 치열하게 살아왔어요. 새로운 도전에는 늘 설렘이 있으니까요. 단순히 전부 잘될 거니까 걱정하지 말고 힘내라는 말은 너무 무책임하게 느껴져서, 아주 치밀하고 정확한 계획을 가지고 시작하라고 조언해 주고 싶어요. 이는 제가 할 수 있는 가장 따뜻한 조언의 말입니다.

그렇게 우리가 각자의 자리에서 즐겁게 술을 빚다가, 다시 어딘가에서 우연히 만나서 반가워했으면 좋겠어요. 오래도록요.

막걸린

제주특별자치도 제주시 조천읍에서
20년 3월부터 시작한 양조장.

❝

여행지를 가면 그곳에서만 누릴 수 있는 것들을 꼭 해 보려고 합니다. 나중에 기록으로밖에 볼 수 없는 때가 오면 궁금하잖아요. 지금도 어디론가 여행을 갔다면 그곳의 향토 음식을 먹고, 그곳에서만 할 수 있는 액티비티를 즐기고, 그곳에서만 누릴 수 있는 휴양지에 가 보곤 합니다. 지역에서만 맛볼 수 있는 술을 마셔 보는 것도 빼놓을 수 없겠네요.

제가 그런 사람이어서인지, 제주도의 양조장을 인터뷰해야겠다고 결심하고 난 뒤, 막걸린을 제일 먼저 떠올렸습니다. 막걸린의 제품은 제주도에서만 만나 볼 수 있으며, 제주도 중에서도 농민 장터를 포함한 몇몇 곳에서만 겨우 만나 볼 수 있으니까요. 이런 양조장을 어찌 만나 보지 않고 올라갈 수 있겠어요.

'정말 잘 왔다'라는 생각은 양조장을 찾아가자마자 느꼈습니다. 장터에 함께 나가는 삼춘*이 주셨다는 꽃차는 정말 향긋해서 몇 잔을 연거푸 마셨으니까요. 대표님이 보여 주시는 대책 없는 천진함엔 저도 마음이 맑아지는 기분이더군요. 그래서일까요? 인터뷰를 진행하는 내내 정말 편안하게 쉬는 기분이었습니다.

마지막으로 혹여나 누군가 이 글을 읽고 찾아간다면, 양조장보다는 농민 장터에서 대표님을 만나 뵙는 걸 추천해 드리겠습니다. 원래도 흥겨우시지만, 농민 장터에서는 물을 머금은 식물처럼 활력이 넘치실 것 같아서요.

* 제주도에서는 어른들을 삼춘이라고 불러서, 글에서도 '삼촌'이 아니라 '삼춘'이라고 표시했습니다.

창업 전에 어떤 일을 하셨는지, 말씀 부탁드립니다.

원래 요리사였어요. 외식 조리를 전공하고 한식 기반의 식당에서 4년 동안 근무했었고요. 이후에는 호주로 워킹홀리데이를 가서, 현지 식당에서 2년간 근무했고요.

제주도에는 어쩌다 정착하신 거예요?

워킹홀리데이 기간 중 한국으로 돌아와야 할 일이 생겼어요. 일을 마무리하고 나니 비자 기간이 얼마 남지 않아서, 호주로 돌아가기가 애매하더라고요. 그즈음 언니가 제주도에서 지내고 있었어요. 저도 호주로 갈 수 없으니, 제주도에서 살아 봐야겠다 싶었죠. 한 달만 놀다가 돌아오자고 생각했는데, 지금 8년째 이렇게 있네요.

그럼, 요리를 그만두고 술을 빚어야겠다고 결심하게 된 계기가 있을까요?

딱히 없어요. '나 요리 그만둬야겠어!'라고 결심하게 된 특별한 이유가 있었던 건 아니에요.

술을 빚게 된 건, 제주도에 정착하면서 제가 마시고 싶은 막걸리를 구하기가 어렵더라고요. 내가 마실 걸 만들어야겠다고 생각하면서 시작했어요. 계획된 건 하나도 없네요.

양조장을 차려야겠다고 결심한 이유는요?

제가 좋아하는 농민 장터가 있어서 자주 방문했었어요. 어느 날은 제가 만든 막걸리를 가져갔는데, 너무 좋아해 주시는 거예요. 그렇게 처음엔 아는 분들과 한두 잔씩 나눠 마시려고 가져갔어요. 마시는 걸 보고 다른 손님들이 막걸리를 구매할 수 없는지 물어보시더라고요. 술을 팔려면 면허가 있어야 하잖아요. 혹시나 불법으로 주류를 팔다가 시장에 폐를 끼칠까 봐 양조장을 차려야겠다고 생각했어요. 시설이나 규모도 소소하게 장터에 참석할 수 있고, 막걸리를 팔 수 있을 정도로만 만들자고 생각했고요. 장터에 나가기 위해서 양조장을 차렸다고 할 수 있겠네요.

장터를 정말 좋아하시는 것 같은데 특별한 이유가 있을까요?

그냥 분위기가 정말 좋았어요. 처음에 제가 갔을 때만 해도 지금처럼 크지도 않았어요. 농업인 회관 앞에 테이블 몇 개 설치해서 작은 규모로 시작했던 장터였거든요.

장터와 함께하면서 제 생각도 많이 정립된 것 같아 더 아끼게 돼요. 입버릇처럼 이야기하는 자급자족하는 삶도 장터에 참여하면서 정립된 내용이고요.

사실 양조장을 할까 말까도 정말 많이 고민했었어요. 어디 묶이는 게 싫었거든요. 양조장을 차리면 자유롭게 움직이기가 힘들잖아요. 저는 가고 싶을 때 가볍게 움직이는 걸 좋아하는데, 그런 자유를 조금 포기하더라도 이 장터에서 술을 팔고 싶다고 생각했던 것 같아요. 만약 그 장터를 만나지 못했다면 지금도 집에서 취미로만 술을 빚고 있지 않을까요?

양조장을 차려야겠다고 결심하기 전부터 술 빚는 법을 알고 계셨던 거네요.

술 빚는 법을 알고는 있었어요. 다만 알고는 있었는데, 빚어 보지는 않았어요. 제주도에 내려와서 처음 빚어 봤죠.

그럼, 양조는 혼자서 공부하신 건가요?

처음엔 혼자 시작했어요. 마시고 싶은 술을 만들어 보자고 마음먹은 후에, 혼자서 술을 백 번 빚어 보기로 했어요. 이것저것 레시피를 다르게 하면서 만들어 봤죠. 그렇게 매주 빚다 보니까 제가 원하는 맛이 어느 정도 나오더라고요. 맛을 내고 보니까 왜 이렇게 만들어지는지가 알고 싶더라고요. 어떤 맛을 내고 싶을 때 어떻게 빚어야 하는지는 알았는데, 왜 이렇게 만들어지는지를 알고 싶어서 육지에서 교육을 받았어요. 막걸리학교도 다녔고, 여주의 명주가에서 오래 배웠어요.

교육받으시면서 힘들었던 건 없었나요?

제주도에 내려오고 얼마 안 되어서 아킬레스건이 끊어졌어요. 그래서 목발을 짚고 다녔는데, 치료하는 동안 교육을 받았거든요. 목발을 짚고 언덕을 올라가서, 교육을 받았던 게 좀 힘들었던 것 같아요.

다양한 교육기관이 있었을 텐데, 명주가에서 오래 교육받은 이유가 있을까요?

제주에 한 번 교육하러 오셨었어요. 수업을 들으면서 이론을 명쾌하게 알려 주신다고 생각해서 교육받았죠.

창업하고 나서 바뀐 점은 없나요? 대표적으로 월급 없는 삶에 대해서요.

직장에 다닐 때부터 돈을 중요하게 생각하진 않았어요. 월에 1백만 원만 있어도 충분히 살 것 같다고 생각했거든요. 그래서 양조장을 차리면서도 돈을 많이 벌어야겠다고 생각하지 않았어요. 월급을 받지 않는 삶이 되면서 저는 스트레스를 받기는커녕 오히려 좋았어요. 훨씬 자유로웠거든요.

돈보다 자유를 중요하게 생각하시나 봐요?

네. 예전부터 한 달에 1백만 원 정도만 벌어도 생활하는 데에는 충분하다고 느꼈어요. 그리고 자유를 갈망하는 사람이라서 쉬고 싶을 때 쉬고, 일하고 싶을 때 일하면서 느끼는 만족감도 큰 것 같아요. 식당에서 근무할 때는 정말 긴 시간을 일해야 했고, 제가 하고 싶은 대로 일할 수도 없었는데 지금은 제가 제 삶을 마음대로 다룰 수 있는 게 좋아요. 결론은 많은 것이 바뀌었지만 너무 좋다고 말씀드릴 수 있겠네요.

그럼, 양조장을 차린다고 할 때, 가족의 반응은 어땠나요?

우선 부모님은 '술을 만든다고?' 하면서 놀라셨어요. 여자 혼자 양조장을 한다는 걸 어려울 것 같다고 생각하셨나 봐요. 그런데 저는 예전부터 '괜찮아, 나 그냥 이거 해 볼게'라고 가볍게 이야기하곤 했었거든요. 반대한다고 들을 성격도 아니고요. 말린다고 말려질 사람이 아니고, 원래 하고 싶다면 하는 애니까 하면서 받아들이셨어요.

언니는 같이 지내면서 도움을 많이 받았어요. 직접적인 말이나 행동으로 표현하는 성격은 아니지만, 제가 잘 모르는 분야에 대해서 도움을 많이 줬어요. 제가 아이디어를 내면 실제로 구현해 주기도 했고요. 직접적인 표현만 아닐 뿐 엄청난 응원을 받았다고 생각해요.

친구들의 반응은요?

친구들은 '또 너 하고 싶은 거 하는구나!' 같은 반응이었어요. 원래 제가 재미있어 보이는 걸 주저 없이 해 보는 성격이거든요. 하고 싶으면 하는 성격이었어요. 그러다 보니 그냥 옛날부터 그랬으니까 하는 반응이 제일 압도적이었어요.

혹시 일과는 어떻게 되나요?

제가 자급자족하는 삶을 추구해서, 일어나면 밭일부터 합니다. 양조용 작물을 기르는 건 아니고요. 제가 먹을 채소들을 키우고 있어요. 밭일과 반려견 산책이 끝나면 양조장과 함께 운영 중인 숙박업소를 관리합니다. 오전에 다른 일을 끝내고 오후부터는 본격적으로 양조장 일을 처리하는 것 같아요.

한 달에 세 번 정도 술을 빚고, 술이 잘 빚어지고 있는지는 매일 확인해요. 병입도 주문이 들어올 때마다 하고 있고요. 일이 많은 날도 있고 적은 날도 있지만, 쉬는 날은 딱히 없는 것 같아요.

숙박업소도 함께 운영하시는지는 몰랐어요.

공지를 미리 해야 했는데, 아직 못했어요. 저희 막걸리 이름이 '홍홍홍

막걸리'잖아요. 그 이름에서 착안해서, 스테이 '하하하'를 운영하고 있습니다. 나중에 조용한 곳으로 양조장을 이전하고 싶은데, 제가 술을 빚고 있으면 그곳으로 찾아오는 손님들이 계실 거잖아요. 그 손님들이 머물 공간을 미리 운영해 봐야겠다고 생각했어요.

그리고 좀 더 편하게 이야기할 수 있는 공간이 있으면 좋겠다고 생각해요. 찾아오시는 사람들이 머물면서 이런저런 이야기도 나누고, 다양한 맛에 대해서 공유하는 공간을 만들고 싶어요.

그럼, 숙박업소와 양조장 간의 매출 비중은 얼마나 되나요?

매출을 따지려고 한 적이 없어서 모르겠어요. 제주도 특성상 매출이 들쭉날쭉하기도 하고요. 돈을 생각하다 보면 상대적으로 적은 매출을 나오는 일을 할 때 생각이 많아질 것 같아서요. 마음이 편할 것 같지도 않고요. 어차피 매출이 큰 것도 아니고 제가 먹고 살 정도는 충분하다 보니 굳이 들쑤시고 싶진 않아요. 저는 지금 행복하니까요.

혼자 두 개의 사업장을 운영하기엔 버거울 수 있을 것 같은데, 힘든 점은 어떤 건가요?

혼자서 감당할 수 있는 만큼만 하는 중이라 지금은 괜찮은데, 예전에 술을 많이 빚을 땐 몸도 마음도 힘들었어요. 당연히 돈은 많이 벌지만, 돈보다는 하고 싶은 일을 하는 게 중요했어요. 제가 바라는 모습이 막걸리 만드는 할머니거든요. 할머니가 될 때까지 꾸준히 막걸리를 만들려면 힘들게 빚어서는 안 되겠더라고요. 지치지 않는 선에서 계속 이어 나가는 게 중요하다고 생각했어요.

 주변을 보면 돈이 된다면 힘들어도 해내는 분들이 있는데 저는 재미가 중요한 사람이라, 숙제하듯 술을 빚으면 유독 힘들다고 느끼는 것 같아요. 힘들다고 안 하는 건 아니지만 지치지 않고 해낼 수 있는 만큼이 어느 정도인지를 알고 꾸준히 지속하려고 합니다.

술 이야기로 넘어가려 합니다. 대표님이 좋아하는 술은 어떤 스타일인가요?

 드라이한 탁주를 좋아해요. 와인도 드라이한 걸 좋아하고, 전반적으로 단맛이 없고 산미도 적당히 있으면서 깔끔한 질감을 가지는 술을 좋아하는 것 같아요. 지금 제 막걸리 중에, 쌀만 이용해서 만든 막걸리의 느낌이죠. 잘 팔리지 않아서 남으면 오히려 좋아요. 자급자족이라 생각하고 제가 마시면 되니까요.

그럼, 지금 만드는 제품 중에 꿀이 들어간 막걸리는 어쩌다 만드신 거예요?

처음에는 제가 좋아하는 스타일인 쌀만 이용한 막걸리를 만들었어요. 누룩의 쿰쿰한 느낌도 저는 좋아하거든요. 정말 마니아틱한 막걸리인데, 언니한테 먹여 보니까 한 모금 마시고는 '으…' 하면서 눈살을 찌푸리더라고요.

제주도의 특성상 도민보다는 관광객이 훨씬 술을 많이 사 마실 거라고 생각해서, 쌀 막걸리만 판매하기에는 놓치는 고객이 너무 많을 거로 생각했어요. 언니처럼 젊은 여성분들이 좋아할 만한 술을 만들려다 보니 꿀이 들어간 막걸리도 만들게 되었죠.

최근의 트렌드가 부재료가 들어간 술인 것 같은데, 트렌드를 따라서 술을 만들 생각은 없나요?

저는 간단하고 단순한 술을 제일 좋아하고, 술에 다른 재료를 넣는 걸 크게 선호하지는 않아요. 가끔 장터에 같이 나오는 삼춘들이 길러낸 농산물을 보면서 '저런 걸 넣어서 만들어 볼까?' 정도만 생각하지, 사람들이 부재료를 좋아하니까 부재료를 넣어 봐야겠다고는 생각한 적 없어요.

이번이 처음 받는 질문은 아닌지라 주변에서 이런저런 재료를 넣어서 만들어 보면 어떠냐고 제안해 주시는 분들이 계시는데, 그렇게 만들고 싶은 사람들이 따로 있다고 생각해요. 트렌드를 따라가는 걸 좋아하지 않다 보니 그게 저는 아닌 것 같고요.

잘 만든 술에 대한 대표님의 생각도 궁금해요.

조화로운 술이라고 이야기할 수 있을 것 같아요. 어떤 맛을 좋아하는 기호랑은 별개인 거죠. 저는 달지 않고, 누룩의 향이 있는 술을 맛있다고 느끼지만, 누군가는 또 다른 스타일의 술을 좋아할 거잖아요. 특정 맛이 나야 잘 만든 술이라고 부르기보다는 전반적으로 술의 맛과 향이 조화를 이룰 때 잘 만든 술이라고 부를 수 있을 것 같아요.

반대로 나쁜 술이라고 한다면 어떤 술일까요?

글쎄요. 조화롭지 못한 술이라고 말하기에는 특정 맛이 강해도 좋아하시는 분들이 있어서 나쁜 술이라고 부르기엔 어려울 것 같아요. 딱 단정 짓기가 어려운 것 같아요. 사람마다 느끼는 게 서로 다르니까요.

현실적인 이야기로 넘어가서 창업 비용은 얼마나 드셨나요?

6천만 원 정도 들었던 것 같아요. 초반에 청년 창업 지원에 선정되어서 4천만 원 정도 받았고, 나머지는 제 사비로 해결했죠.

창업 비용이 적게 든 편인 것 같아요.

이름만 양조장이지 그냥 집에서 만든 술이랑 다를 게 없다고 생각해요. 설비라고 부를 것도 없고, 자동화된 공정이 없어요. 전부 다 제 손으로 만든다고 생각해서, 창업 비용이 적게 들었던 것 같아요.

수제로 생산하시는 거면 생산량이 많지 않을 것 같은데요?

제일 많이 생산할 때가 한 달 동안 1천 병 조금 못 미치게 만들었던 것 같아요. 지금은 한 달에 4백 병 내외로 만들고 있고요. 한 주에 1백 병 정도 만든다고 생각해 주시면 될 것 같아요. 한 달 기준으로 5백 병이 넘어가면 그때부터는 힘들더라고요.

동네 주민분들과 직접 빚은 술을 나눠 마시다가 양조장을 창업했다고 하셨는데, 이미 레시피도 있어서 창업 준비 기간이 짧았겠네요?

아뇨. 저도 처음 생각할 땐 공간도 있겠다 6개월 정도면 허가가 날 줄 알았는데, 거의 1년 가까이 걸렸어요. 허가를 받아야 하는 저도, 허가를 내주는 담당자도 서로 잘 모르는 거예요. 겨우겨우 진행하고 있는데 중간에 해가 바뀌니까 담당자도 바뀌어서 다시 새롭게 가르쳐 주면서 진행해야 했죠. 이제는 창업한 지 오래되기도 해서, 어떻게 허가를 받아야 하는지 물어보시는 분도 많아요.

그럼 창업하신 지는 얼마나 되신 거예요?

5년 정도 되었어요. 20년 3월에 사업자등록증이 나왔고, 20년 9월에 면허가 나오자마자 바로 장터에서 판매했으니까요.

운영하시는 동안 힘들었던 점은 어떤 건가요?

혼자 전부 다 해야 하는 게 힘들었어요. 배송도 직접 했었거든요. 제조부터 홍보, 서류 작업, 배송까지 하고 있으면 일이 끝나지 않는 기분이었어요.

처음 예상했던 매출과 지금 판매되는 매출 사이에 차이가 있나요?

사실 예상 매출이랄 게 없었어요. 얼마를 벌었으면 좋겠다는 생각은 없었고 만든다고 전부 다 팔 수 있을까에 대해서는 고민했던 것 같아요. 지금은 주에 1백 병 정도 만든다고 말씀드렸는데, 그때만 해도 주에 2백 병 정도 만들었거든요. 그런데 다행히 생각보다 잘 팔렸어요. 호응도 좋았고요. 이렇게 빠르게 관심을 받을 줄 몰랐는데, 관심을 주셔서 감사했죠.

시작할 때부터 잘 됐던 거네요?

그렇게 말하기는 부끄럽고, 너무 기대치가 낮아서 금방 충족된 것 같아요. 지금 생각해 보면 병의 윤곽이나 라벨 디자인이 레트로하다 보니 외관부터 관심을 많이 가져 주셨죠.

그럼 내 술이 정말 팔릴 거라고 생각하셨어요?

팔릴 거라고 생각했어요. 제품을 정식 출시하기 전부터 술 좋아하시는 분들은 제 술을 정말 좋아하셨거든요. 매주 장터에 나오는 삼촌들은 지금도 쌀로만 만든 제품만 드세요. 그래서 확신은 있었어요.

제품을 제주도에서만 유통하시는 걸로 알고 있는데, 특별한 이유가 있을까요?

육지에서 구매할 수 있는지 물어봐 주시는 분들이 계시는데, 따로 판매하지는 않는 게 제주도에서 신나게 마시고 갔으면 좋겠다고 생각했어요.

양조장을 창업하고 싶다는 사람들에게 현실적으로 조언해 준다면 어떤 이야기를 해 줄 수 있을까요?

본인이 만들고자 하는 술을 다양하게 여러 번 빚어 보라고 말씀드리고 싶어요. 내가 정말 준비가 되어 있는지 객관적으로 평가해 보는 것도 중요하고요. 제가 엄청 오래됐다거나 판매를 잘한다고 생각하지는 않지만, 그런 제가 봐도 너무 가볍게 시작하는 사람들이 보여요. 한두 번 교육받아서 빚어 보시고, '이런 재료 써 보니까 괜찮은데' 혹은 '몇 번 빚어 보니까 맛있는데' 싶은 마음으로 시작하는 분이 최근에는 좀 보이더라고요.

상업 양조와 취미로 빚는 술은 너무 달라요. 내가 정말 준비가 됐는지 정말 객관적으로 돌아봐야 한다고 생각해요. 저처럼 정말 가벼운 마음이면 모르겠지만 보통 생업으로 삼다 보면 가벼울 수가 없겠더라고요.

만약 과거로 돌아가서 이전의 나에게 조언을 해 줄 수 있다면 어떤 내용일까요?

너무 친절하게 다가오는 사람은 경계하라고 조언해 주고 싶어요. 모든 일에는 적당히라는 게 있잖아요. 사업적인 관계에서 과하게 친절한 사람이 있어요. 그럼 나도 마음을 과하게 열어야 하나 싶어서 조급해지는데, 괜히 부담감 가지지 말고, 적당히 관계 유지를 하는 게 중요하다고 이야기해 주고 싶어요.

마지막으로 창업을 꿈꾸는 분들께 격려의 이야기를 해 준다면요?

본인이 준비되어 있고, 본인만의 맛있고 멋진 술을 만들면서 열정적으로 임한다면 충분히 성장 가능성이 높은 시장이라고 생각해요. 열정이 있으면 도전해 보라고 말씀드리고 싶습니다.

닫는 글

여기까지 재미있게 읽으신 분이 계실까요? 우선 축하드립니다. 마음 같아선 직접 앞에 두고 박수 쳐 드리고 싶습니다. 다음에 어디선가 만나서, 말씀해 주시면 '내가 그때 왜 그런 글을 써서······.' 같은 생각을 하며 열정적으로 박수 쳐 드리겠습니다.

이야기를 나누면서 자주 받았던 질문은, 책을 만드는 이유가 무엇인지에 대해 묻는 질문이었습니다. 제 사리사욕을 채우겠다는 의도가 제일 크긴 하지만, 양조장 창업이 어떤 건지 현실을 알려 주자는 생각도 있었던 것 같아요. 많은 대표님들이 말씀하시는 것처럼, 보통 일이 아니거든요.

그럼 영상으로 찍어서 더 많은 사람이 보도록 하지, 왜 책으로 내느냐는 질문에는 숏폼 콘텐츠와 가장 반대편에 서 있는 매체로 내고 싶었습니다. 어떤 것이든 '시작한다'는 건 중요한 일이잖아요. 그런 일을 하려는 사람이 숏폼 콘텐츠 몇 개만 보고 판단하진 않을 거라고 생각했어요. 제가 잘 담아냈는지 모르겠지만, 대표님들과 충분히 이야기를 나눌 수 있도록 노력했습니다.

양조장의 선정 기준은 시작한 지 10년 미만이고, 5인 이하의 소규모 양조장으로 선정했습니다. 만약 제가 양조장을 차리게 된다면, 해당 기준의 양조장을 차리게 될 가능성이 높아 보여서요. 그러니 대규모 자본으로 큰 양조장을 차리려는 분께는 해당 글이 별 도움이 되지 않았을 겁니다. 근데 이런 글을 미리 쓰면 읽지 않는 사람이 있을 것 같아 책의 맨 뒤에 배치했어요.

여기까지 읽고 누군가는 몽상에서 깨어났을 거고, 누군가는 계획을 수정했을 거고, 누군가는 여전히 이상을 따를 겁니다. 어떤 분이건 간에, 우쥬라익썸 대표님의 말을 조금만 수정해서 마지막으로 한 말씀 드리겠습니다.

각자의 자리에서 즐겁게 술을 즐기다가, 다시 어딘가에서 우연히 만나서 반가워했으면 좋겠습니다. 오래도록요.

양조장 할 생각은 없었는데요

ⓒ 박정범, 2025

초판 1쇄 발행 2025년 7월 16일

지은이	박정범
펴낸이	이기봉
편집	좋은땅 편집팀
펴낸곳	도서출판 좋은땅
주소	서울특별시 마포구 양화로12길 26 지월드빌딩 (서교동 395-7)
전화	02)374-8616~7
팩스	02)374-8614
이메일	gworldbook@naver.com
홈페이지	www.g-world.co.kr

ISBN 979-11-388-4470-3 (03590)

- 가격은 뒤표지에 있습니다.
- 이 책은 저작권법에 의하여 보호를 받는 저작물이므로 무단 전재와 복제를 금합니다.
- 파본은 구입하신 서점에서 교환해 드립니다.